路桥商贸文化

台州市路桥区文化和广电旅游体育局 编

国文出版社

·北京·

图书在版编目（CIP）数据

路桥商贸文化 ／ 台州市路桥区文化和广电旅游体育
局编 ． —— 北京：国文出版社，2024． —— ISBN 978-7
-5125-1662-5

Ⅰ．F727.553

中国国家版本馆 CIP 数据核字第 2024A8V577 号

路桥商贸文化

作　　者	台州市路桥区文化和广电旅游体育局　编
责任编辑	苗　雨
责任校对	孙雪华
出版发行	国文出版社
经　　销	全国新华书店
印　　刷	三河市中晟雅豪印务有限公司
开　　本	787 毫米 ×1092 毫米　　16 开
	13.5 印张　　162 千字
版　　次	2024 年 12 月第 1 版
	2024 年 12 月第 1 次印刷
书　　号	ISBN 978-7-5125-1662-5
定　　价	68.00 元

国文出版社

北京市朝阳区东土城路乙 9 号　　邮编：100013
总编室：（010）64270995　　　传真：（010）64270995
销售热线：（010）64271187
传真：（010）64271187-800
E-mail：icpc@95777.sina.net

引 言

晚清路桥实业家杨晨有言:"士农工商,谓之四民。四民安业,则天下治。"路桥自古为浙东南商贸名镇,也是中国民营经济的先发地之一,商贸文化源远流长。早在新石器时代的灵山先民中,就已出现以物易物的货物交换。汉六朝桐屿窑群代表路桥古代工商业出现第一次高峰;五代南官河的开凿使路桥商贸在两宋得到了跨越式发展,形成盐市与草市相结合的市镇,十里长街渐成名埠,路桥地名即源自北宋年间设于新安桥附近的路桥场务税收机构。元代以后,依托海门港的兴起,对外贸易大幅发展,至晚清民国,路桥商贸达到繁盛阶段,"百货坌集,远通数州"。改革开放后,路桥商贸业迎来兴盛,在台商乃至浙商中占有重要一席。

滨海水乡和温黄腹地的独特地理环境造就了路桥人"敢闯善为"的地域性格,"通商惠工"的南宋永嘉学派在此深耕,"义利并举"的思想深入人心。古往今来,路桥涌现了许多代表性商人,创造出"百路千桥万家市"的丰富商贸文化,凝聚起具有地方特色的商业智慧和商业精神。

在国家高度重视文化传承与大力支持民营企业发展的今天,我们系统梳理路桥传统商贸文化,对保护和弘扬本土优秀传统文化、延续城市历史文脉,以及当下振兴历史街区、发扬路桥精神等都是极具意义的。

台州市路桥区文化和广电旅游体育局党组书记、局长

Contents | 目录

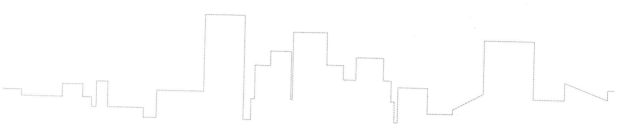

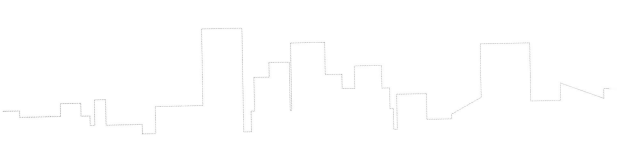

概　述

周仲强 *

　　据灵山遗址考古发掘，早在新石器时代的灵山先民时期，路桥就已出现以物易物的货物交换；先秦时，台州人开始以船为工具，开展生产、社会活动。《越绝书》称："夫越……以船为车，以楫为马，往若飘风，去则难从。"擅于造船、习以驶船，以内河航运和海运为主体的台州贸易开始成形。东晋末年，孙恩在海上起义，曾制造"起四层，高十余丈"的大型战船，经常在路桥附近洋面活动，据传，峰江白枫岙水仙洞就是纪念孙恩之所，山下有晋井。同时代福建陈宝应向浙东进犯，经路桥，"载米粟与之贸易，多致玉帛子女，其有能致舟乘者，亦并奔归之，由是大致资产，士众强盛"。[①]一边打仗，一边做生意。三国时，沈莹《临海水土异物志》记录的海中捕捞物有 90 多种，这说明东吴章安古港及其附近（包含路桥）已能建造较大的船舶，并具有较丰富的航海知识，为海上贸易奠定了坚实基础。

　　20 世纪 60 年代中期，"黄岩县曾出土以五铢钱为主的古钱六箩筐，内有太平百钱"。[②]1986 年 2 月，兆桥乡祝昌村"发现古钱币二百九十余斤"，"初步鉴定为西汉至南朝"。[③]这些路桥周边出土的

　* 台州职业技术学院教授，台州市文史研究馆副馆长，台州市文艺评论家协会主席。

①《陈书·列传第二十九·陈宝应》。

② 徐三见：《六朝时期台州经济状况考述》，载《椒江市志通讯》1991 年第 1 期。

③ 徐三见：《椒江市兆桥乡出土古钱》，载《台州文物》1991 年第 6 期。

钱币无疑都是六朝时期在温（岭）黄（岩）平原境内流通中聚藏的。货币流通量大，也反映了商品交换的活跃。汉六朝桐屿窑群代表路桥古代工商业出现第一次高峰，此时以章安港为依托，开拓的经由福建、广东远至东南亚的瓷器贸易航线慢慢形成。东晋成公绥出任章安令时曾作《云赋》。清乾隆年间文人叶丰亦作《赤栏怀古》，诗云："章安古名郡，晋代衣冠扬。东西列街市，高桥跨中央。湾环互轻舸，浦溆会经商。潮头送诸舶，人境攒千樯。赤栏扶左右，凭眺雄南方。"① 章安港往南以路桥为中心的温黄平原也是商业发达，富庶繁华，以桐屿为中心的青瓷业成为台州古代工商业的滥觞。五代南官河的开凿使路桥商贸在两宋得到了跨越式发展，形成盐市与草市相结合的市镇，以廿五间为代表，十里长街渐成名埠，成为台州商贸重镇。路桥地名即源自北宋年间设于新安桥附近的路桥场务税收机构。宋代，海门港、金清港逐渐取代章安港，对内成为漕运的出发地，对外成为贸易口岸，和宁波、温州一起构成浙东对外贸易的主要港口。宋元时期，海外贸易非常兴盛。元代，台州民间大贾富商"自备财力"，建造船舶，"滨海之民，兴贩牟利"，风气最盛，航海已远至非洲、欧洲。台州赵汝适在出任福建路市舶司提举时引用宋神宗的话称："东南利国之大，舶商亦居其一焉，……岁获厚利，……亦壮观一事。"元末，路桥起义军领袖方国珍"保境安民"，积极发展海外贸易和港口经济。明清沿袭宋元传统，商贸继续繁荣。康熙二十四年（1685 年），清朝设浙海关台州分关于葭芷，随后分关迁海门靖波门吊桥外，俗称"台大关"。清末民初，台州海门"小上海"繁华初现，带动作为温黄平原重要商品基地的路桥商贸快速

---

① 《临海县志稿》卷五《章安》。

发展。路桥商人积极进驻海门港，掌握物流主动权，杨晨等集股购"永宁"轮船，往来甬椒，继又采购"永利"轮船来往椒申，每次出入，货物填溢，旅客拥挤……此外，路桥内港小轮往来临海、黄岩、温岭各县，亦络绎不绝。依托海门港的兴起，路桥对外交易量大幅提升。晚清民国时，路桥商贸达到繁盛阶段，"百货全集，远通数州"，形成了"万物涌市，万商云集"的繁华盛况。改革开放后，中国第一家小商品市场在路桥诞生，以十里长街为核心的路桥商贸业迎来全面振兴，在台商乃至浙商文化中占有重要一席。

三面环山，一面临海的半封闭结构构成独特的地理风貌，在几千年的发展进程中，形成"山的硬气、水的灵气、海的大气、人的和气"的台州人文精神，对商人影响深远。这种文化品格既有开拓创新的精神，又有豪放洒脱的气质。"走遍苏杭、不如温黄"，路桥商贸文化根植于台州文化，在台商里，路桥商人融合了海客的豪放和水乡的灵动，以睿智坚韧的涵养和一以贯之的灵活著称。

路桥商贸文化，具有几个鲜明特点。

（一）集中丰富

路桥商贸文化主要集中在十里长街，文化瑰宝众多，种类齐全。其既有反映商人信仰的东岳大帝文化，又有反映该地商业繁华的商号文化、师徒文化、当铺文化、日用品作坊文化、码头文化、船工文化等，从越王凿河、皇帝赐名到御史故里、右军墨池，从昌阁书声、是亦园春到乔家民居、月河吟社，上千年的历史沉淀，构筑起十里长街的不朽传奇。而银楼铜号、古码头、商会会馆、商铺、慈善机构、茶楼酒肆等是商业繁荣的典型载体，形成"百路千桥万家市"的繁荣商镇，丰富厚重的商贸文化为路桥经济发展夯实了良好的资源基础。

（二）历史悠久

从吴越王钱镠大兴水利，开凿南官河，百姓依傍南官河，筑室宜家，路桥十里长街源起，到北宋年间，十里长街已经百货尽集，商铺林立，成为远近闻名的滨水集市；到了明清，十里长街更是茶楼酒肆、货栈绸庄相映成趣，形成了船舶争集、商贾林立，"万物涌市，万商云集"的繁华盛况，是浙东南著名商埠，台州东行西走、南来北往的商贸轴心；改革开放以后，中国日用品商城、浙东南副食品批发市场等一大批专业市场先后在十里长街周边快速兴起，路桥一度成为国内民营经济最活跃的区域之一。

（三）基于独特的商业模式

千年路桥的商贸之舟穿过千山万水，形成了独具特色的商业模式："赊销赊购"的交易模式（"人靠良心树靠根，人无诚信树无根"）、"前店后厂（埠）"的联动模式（"人无我有，人有我多，人多我早"）、"互助多赢"的雁阵模式（"一只手掌拍不响，一块砖头难打墙"）、"血脉相连"的组织模式（"三兄四弟一条心，前门泥土变黄金"）、"多元经营"的投资模式（"鸡蛋不放同只篮"）。这种模式整合了台州系统资源，建立了完整的商业生态，以独特的价值创造满足了顾客的需求，造就了路桥小商品市场的辉煌，形成了路桥独特的商贸文化。

（四）商俗多彩

从古代的"以物易物""日中为市"到以货币为媒介的各种商品购销方式，均与各种习俗惯制紧密结合。坐商的牌匾招幌、行商摊贩的吆喝、集市小卖的经营形式、庙市节日的展售，都呈现出丰富多彩的商俗类型。商贸节俗、商贸习俗、行业习俗、商贸民谣（谚语）、商品广告、包装、装潢图案，也呈现出深刻的路桥民俗文化意识。如开年节、路桥行话、路桥牛市、路桥商贸招牌、路桥庙会、学徒拜师等，广泛流传的习俗有 30 多个。商业贸易民俗在民俗事象的总体中占有重要位置，牵涉路桥人衣食住行的各个方面。

在千百年的历史长河中，路桥作为台州的商贸重镇，始终继承和发扬着浓厚的商贸文化，古老的商业民俗与现代都市文明融合交汇，创造出一种独特的文化氛围，为台州的文化多样性增添了一抹亮丽的色彩，也为这片土地注入了活力与魅力。

随着改革开放的不断深入，路桥商人的商业智慧和创新精神得以延续传承，商贸文化依然在这片土地上闪耀着独特的光芒。从传统的十里长街到现代的专业市场，路桥的商业模式也在不断演进，适应了市场需求的变化，为台州的繁荣贡献着力量。今天的路桥不再仅仅是一个商贸古镇，它早已融入现代化的发展潮流，走在经济转型升级的前沿。

第一章　商·土

——路桥商贸发展的环境

地域文化是指某一特定地理区域内的居民在长期的历史进程中形成的独特的文化模式和生活方式。它包括语言、宗教、风俗习惯、艺术、建筑风格、饮食习惯等多个方面。地域文化对商贸发展有着深远的影响，尤其是当地商人的群体性格、经商策略、精神品格等方面。

自然环境对居民性格有着直接的影响。例如，山区的居民可能更加独立和坚韧，因为他们需要适应崎岖的地形和艰苦的生活条件。而水网密布的地区，如长江三角洲，其居民可能更加开放和灵活，习惯于水上交通和广泛的人际网络。这些性格特点会直接影响当地商人的风险偏好、交际能力和适应变化的能力。

地域文化中的价值观和信仰体系影响商人的经商策略。例如，崇尚节俭和勤劳的文化背景可能促使商人更倾向于保守的投资策略与长期的资本积累。信仰体系中对诚信和义务的重视，则可能导致商人在经营中更注重信誉和长期关系的建立。

地域文化提供了一套行为和思考的范式，这些范式内化为个体的精神品格。例如，某地区可能历史上就有重商崇贸的传统，当地的商人自然会有更强烈的商业意识和创新精神。而在另一些地方，由于长期的封建观念束缚，商人可能更加保守，不愿意尝试新的商业模式。

在实际的商贸活动中，这些地域性特点会在商人的日常决策中体现出来，形成独特的商业风格和竞争优势。比如台州市就以"台州模式"著称，这种模式特点是以小家族企业为主，强调灵活经营和快速反应市场变化。这种模式的形成，与台州特定的地理环境、历史传统和社会结构密切相关。

因此，地域文化是商贸发展的重要影响因素，它深深植根于当地人的日常生活，影响着他们的价值观念、行为方式和思维模式。理解地域文化的特点，有助于我们更好地理解不同地区商人的行为方式和经商策略，以及在全球化背景下的地方商业模式的演变。

一、路桥商贸发展的自然环境

路桥位于浙江沿海中部，是台州市三大主体城区之一，下辖四镇六街道。自宋代设镇，至清末渐成现在区域。境域东濒东海，南接温岭，西邻黄岩，北连椒江。跨南官河，扼南北交通之衢，地理位置重要，交通发达。陆地东西最长 35.95 千米，南北最宽 20.79 千米，面积 327.6 平方千米。行政区域地处温黄平原腹地，东西狭长，城市形态呈哑铃型，枕山面海，水系发达，属亚热带季风性气候，四季分明。清代杨晨曾对路桥的地理环境有个精到的评价："平畴粳稻遍通津。"[①] 平畴是指平坦的田地，通津是发达的水系。

（一）滨海水乡

路桥大体属于滨海和水网平原、丘陵相融的自然环境基底。早期的造山运动使台州形成多级剥蚀面和阶地型地表形态。在它的西北——西南部的隆起地带，盘亘着括苍山、天台山、大雷山、大盘山

---

① （清）杨晨：《登岳庙三层楼》。

等，数百里间，千峰奔走，重峦叠嶂。由于天台山与括苍山两个山体上升幅度的差异，造成凹陷区，并逐渐演变为临海盆地。由于临海盆地的西部构造抬升较强，灵江就沿断裂处由高而低滚滚东去。流水侵蚀剥落丘陵区，把泥沙不断地带到东边低处，或输向海岸堆积起来，又经海浪的搬运而形成了东部滨海的温黄平原，路桥就处在温黄平原的沿海中心地带。

据历史地理学家研究，温黄平原曾发生过三次海侵海退的地质活动，最近的一次发生在距今8000年前，那时的路桥海岸线大约在现今中央山东部、大南山东沿，平原大部都沉在浅海之中，丘陵成为岛屿。此后，海水开始退却，海岸线往东扩展，沿海平原露出海面。五六千年前，路桥以西至桐屿一带尚未成陆，多港湾。后经湖沼变迁，海积物逐渐沉淀，陆地向外延展。根据《浙江省水利志》记载："全新世海浸期间，椒江口是台州湾的一部分。公元前380年左右，相当于战国时期，海岸线位于今椒江区海门、沙门、洪家和今路桥区沙园、洋屿一线。"按今路桥区而言，2300年前的海岸线应在长浦—洋屿—沙园—霓岙—沙岗一线。到隋唐时期，温黄平原的海岸线东扩十分缓慢，大致保持了海门古沙堤的位置，但沙堤以东已有部分滩涂发育。千余年前，路桥以东至新桥一带成陆，新沉淀区有横街、下梁以东滨海平原。据史籍记载，南宋绍兴十五年（1145年）的路桥海岸线大致处于鲍浦—长浦—洋屿殿—横街—新河一线。后经明清与新中国成立后的历次围海筑塘，始成今日之境域。

海退陆进，海岸线的变迁，使路桥成为天然水乡，水网河塘密布。其境内的河流大多是西东走向，直接流入大海。在南官河未形成之前，境内从西往东入海的重要河流有三条：

第一条是县河连鲍浦泾。自金字山石坝（即坝头）入境东行，沿途汇集了九龙泾、鉴洋湖上分水、大仁山溪（有飞凫乡石坝）、下分水等河流，经马坡桥、管堂，过路桥河西，到达邮亭北。向东接鲍浦泾，经龙头王、浃里陈、茅林、井头林，入椒江境入海。

第二条是山水泾连长浦泾。水源来自鉴洋湖，从枧头林等处入境，经上倪、双庙、南山、丁岙、石砬、田洋王；从石路窟（石曲）开始，经上管桥、长浦、双桥、启明、蓬西、蓬东入海，这一段称长浦泾。

第三条是山后许泾连新桥浦，再连迁浦泾。水流发源于白枫岙，经道院、许庵、山后许，（以下称新桥浦）浦口苏、清洋、蒋僧桥、五凤楼、新桥、下林桥，通过凤洋浦泾与迁浦泾（又称三横泾）相接，经迁浦出海。

还有一条是由北向南的永宁河古河道。永宁河是开凿于明成化年间（1465—1487 年）的运河，但在运河未形成之前，就已经存在一条古河道。从南宋《嘉定赤城志》地理舆图上看，这是路桥跟章安港之间的一条交通要道，在沿海串联起路桥横向的河浦。东汉六朝时期的桐屿埠头堂青瓷，很有可能通过这条航道运至古章安港。

开凿南官河微缩模型（路桥区博物馆 提供）

　　路桥河流虽多，但并未形成完整的水网体系。直至五代吴越国时期，吴越王钱镠大兴浙东水利，官府出资开凿了南官河，把上面横向的几支河流全部连在一起，又与自北向南而来的永宁河古河道在石曲汇合，才构成了一张四通八达的温黄平原大水网。南官河水系的形成一方面加强了当时台州府军政对于台州各地的统治，另一方面也极大地促进了农业生产，让温黄平原的百姓也像杭嘉湖区域一样，"近泽知田美""境内无弃田"。同时，因"河运通流，舟船最便"，给温黄平原粮食、食盐及其他商品等大宗物资的运输带来了极大的便利，内河沿岸的商业市镇也随之兴起，而市镇的兴起反过来又进一步促进了内河水运的繁荣。

《嘉定赤城志》黄岩沿海舆图

　　南官河纵横温黄平原，自黄岩城关小南门向南经十里铺，过坝头闸入路桥区境，向东南流经桐屿、马铺、路桥街、白枫岙、上蔡。《嘉定赤城志·卷二十四·水·黄岩》载："官河……绵亘灵山、驯雉、飞凫、繁昌、太平、仁风、三童、永宁八乡，溉田七十一万有奇。"灵山乡即今路桥区基本区境，正属于南官河黄金中段。河流经路桥后，入温岭市境内泽国，再南流经牧屿、横峰达温峤（温岭街），全长45千米。路桥区境内长17.31千米，河段口宽20—35米，底宽0.4米，平均水深2.6米，与金清水系相接，被称为"浙东小运河"。在流经路桥镇这段，因河流转弯如月，又称"月河"，别称"潞河"。"月河"之名早在《嘉定赤城志》舆图中就已记载。

南官河航运（陈建国 摄）

　　南宋以后，商贸业迅速发展的路桥，更是依托南官河奠定了"物流中心"的地位。通过水路，路桥街往西北可达黄岩城关，往北可达海门、章安，往东可达金清，往东南可达新河、太平、温峤，往南可达大溪，往西南可达大荆，成了不折不扣的水陆交通枢纽，商品的流通极其方便，商业的繁荣有了保障。正如《路桥志略》所载："月河（南官河路桥段）既为孔道，南由太平以达瓯闽，北由灵江以趋台越，东北走海门卫，轮船帆舶远通甬上申江以至都省，无舆轿踰岭之劳，山有竹木果蔬，海有鱼盐蜃蛤，百货萃居，昕夕络绎，商民傍河为屋，栏槛相望。"

　　路桥因水道而繁荣。自五代吴越王钱镠开凿南官河，连接金清水系后，明代中期开凿永宁河，在石曲塘桥与南官河相接，北通椒江栅浦。明正德初（1506—约 1511 年）开凿三才泾，境内河段北起蓬街镇双桥，南至靖海庙。长浦河从石曲塘桥永宁河分流向东，直至十条河入海。作为排灌主干河道的青龙浦，自石曲新屋张引南官河水东流，经洪洋、洋屿殿、小五份、杨府庙，注入七条河。这些河流的开凿与疏浚，使路桥水道的适航条件大为改善，也为清末民国时期路桥依托水道而进行的商贸活动奠定了基础。

　　路桥毗邻章安古港、海门港和黄岩港，境内金清港一直作为海门港的副港而存在，其盛衰与这些港口的发展历史息息相关。自宋代渐成浙东南著名商埠以来，大量的商品往来主要靠水路运输。台州是古代造船中心之一，路桥又居水网中心，因此民船业极为发达。路桥快船埠头，位于下里居章家里、南官河支流东岸，以长石并列砌筑五层踏跺，上置拴船石，岸上覆人字架长廊，供商贾上下货物、鱼行摊位遮雨，系路桥、黄岩、海门、温岭及周边集镇赶集船只停靠处。其他民船主要停靠石曲、郏家、三桥、中桥、下洋殿等处。

　　晚清，在洋务运动的影响下，近代科技产业开始进入路桥。光绪二十四年（1898 年），路桥人杨晨创办了越东公司，购置"永宁"轮，航行台甬线。次年又置"永江"轮，经营台申线客货运输，"以争国权"。到 1911 年，海门港行驶椒甬线、椒沪线、甬椒温线的航轮多达 10 艘，航线 3 条，将大量经路桥集散的货品经海门港运抵温州、宁波、上海等地，并向东南亚各国扩展。

路桥近海水乡的自然环境，水网河塘密布，河流纵横交错，为商贸活动提供了便捷的水路交通系统。水路成为古代路桥最重要的经济联系方式，促进了路桥地区与周边地区的贸易和物资流通。

凭借其近海水乡的地理优势，历史上依托于丰富的水资源，发展了高度依赖水运的商业模式，其对商贸发展的作用体现在以下几个方面：

1. 成为重要的地区商贸中心

自宋代以来，路桥地区利用其水网优势，逐步发展成为重要的地区商贸中心。古代的水道不仅是物资运输的重要通道，也促进了人员交流和商业往来，使得路桥成为一个繁忙的商业交易地区。这为路桥的商贸文化增添了丰富的内涵，使其成为区域内外商人云集、货物集散的重要节点。

2. 专业化与分工的促进

依托于水网交通的便利，路桥地区的商贸活动呈现出明显的专业化和分工趋势。粮食、水果、蔬菜、水产品等农副产品在这里交易频繁，同时，手工业品如竹编、圆木等工艺品等也通过水路销往其他地区。这种专业化的商业模式推动了地区经济的多元化发展。

3. 城市化与市场经济的发展

水网的便利交通促进了路桥区集镇化进程，市场经济得到了快速发展。路桥作为以水路为主的商贸集散地，其市场设施逐渐完善，商业氛围日益浓厚。这种集镇化进程进一步促进了路桥商贸文化的繁荣和发展。

商贸往来带动了思想和文化的交流。路桥地区通过商贸网络，与外界进行广泛的文化交流，引入了外来文化元素，增强了路桥商贸文化的灵活性和包容性。这种交流和融合为路桥商贸文化的发展增添了更多的可能性。

水网不仅是商贸活动的载体，也为路桥地区的农业和渔业提供了重要的支持。这些产业的发展为路桥地区提供了丰富的物质基础，为商贸活动提供了源源不断的商品，促进了商贸文化的发展。

三国沈莹《临海水土异物志》中记录的台州捕捞物有 90 多种，至今仍是台州洋面和滩涂的主要水产品。如大小黄鱼、乌贼、比目鱼、石斑鱼、海月（海蜇），以及滩涂捕获的蚶、蛎、蛤蜊、沙蟹、螃蟹等。这说明当时古章安港口及附近的海上捕捞已相当发达。远出海洋捕捞深水鱼类，须有较高的航海技术与捕捞水平。从远洋深水捕捞能力来看，东吴时章安古港及其附近已能建造容量较大的船舶，并已有较丰富的航海知识。据此可推断，从三国开始，路桥沿海已有不少渔民定居和从事渔业活动。渔业不仅为当地居民提供了食物，还成了商贸的重要组成部分，将海产品运送到内陆地区进行交易。到宋元时期，路桥金清港作为海门港的辅港，已经成为渔业中心。清代宋世荦有诗云："一回潮上一回鲜，紫蛤花蚶不计钱。泼剌黄鱼长尺半，如飞摇到路桥船。"生动地记录了这一渔业商贸特色。

因为靠海的地理位置，影响路桥商贸发展的另一个关键因素，还有盐业。盐乃"国之大宝"，它不仅是人类日常生活的必需品，更是极为重要的战略资源。封建统治者历来重视盐业发展，设立了繁杂的律法制度和管理机构，以掌控生产、储运、销售等各个环节，并严厉打击私盐贩售。盐业课税逐渐成为古代国家财赋税收的重要支柱，所谓"天下之赋，盐利居半，宫闱服御、军饷、百官禄俸皆仰给焉"[1]，宋代叶衡亦有"今日财赋，鬻海之利居其半"之论。

史料记载，浙江盐业生产始于春秋时期，《越绝书》卷八"朱余者，越盐官也。越人谓盐曰余"，是关于浙江海盐生产的最早文献记载。汉初，吴王刘濞"招致天下亡命者盗铸钱，煮海水为盐，以故无赋，国用富饶"。唐代，随着大量北民南迁，国家经济重心南移，浙江盐业得到迅速发展。刘晏任盐铁使，实行盐法改革，设十大盐监，其中临平、兰亭、嘉兴、永嘉、新亭、富都六监，黄岩（路桥）等多地有产盐记载，四大转运场中浙江占三个。宋代尤其南宋是浙江盐业的快速发展时期，盐产区遍布沿海地区，据学者统计，两浙海盐产地有七府（州）二十三县十监，包括裁废、兼并的盐场在内，已知的盐场多达 56 个，大多为南宋出现的，基本奠定了浙江盐业格局。元代以后浙西盐场衰退，两浙海盐生产重心由浙西转向浙东。[2]

黄岩盐场便是浙东大盐场之一，路桥是盐业主产地，宋代之后，历代常在路桥设立盐局，管理黄岩海盐贸易，路桥因此成为盐业市镇的典型代表。元末方国珍等盐民起义，深刻地影响了路桥的历史进程。

---

[1] 《新唐书·志第四十四·食货四》。
[2] 刘团徽：《浙江盐业考古初探》，载《东方博物》2020 年第 2 期。

北宋·唐慎微《重修政和经史证类备用本草》中的制盐工艺图

　　盐业，作为古代中国重要的经济支柱，对路桥的商贸文化产生了深远的影响。

　　首先，盐业的发展为路桥商贸文化的发展奠定了一定的经济基础。历史上，盐是一种生活必需品，同时也是国家征税的重要商品，因此盐业的发展直接带动了当地经济的繁荣。尤其是在宋代之后，路桥成为盐业的主产地，盐场的设置和盐贸的兴盛不仅增加了地方财政收入，也促进了周边地区的商业活动，为路桥商贸文化的形成和发展提供了坚实的物质基础。

　　其次，盐业促进了路桥地区的社会经济结构转型，进一步推动了商贸活动的兴旺、商贸文化的发展。随着盐业的发展，路桥逐渐从一个以农业为主的区域转变为以商贸和盐业为双重支柱的经济体。这种转型不仅改变了路桥的社会经济面貌，也促进了社会分工的细化和专业化，进一步推动了商贸活动的兴旺。

再次，盐业的发展促进了路桥地区商贸网络的扩展，推动文化交流。盐作为一种重要的贸易商品，其生产和销售需要复杂的物流和贸易网络。路桥作为盐业的重要节点，自然而然地成了一个商贸集散地。这不仅加强了路桥与周边其他地区的商贸联系，也促使路桥成为南官河流域一个重要的交通枢纽和文化交流中心。

最后，盐业对路桥商贸文化的影响还体现在社会管理和法律制度方面。为了有效管理盐业，历代政权在路桥设立了盐局等专门的管理机构，制定了一系列的法律法规来规范盐业的生产、销售和税收等。这些管理措施和法律制度的建立，不仅维护了盐业的正常秩序，也对路桥商贸文化的形成和发展产生了重要影响，促进了商业道德和商业法规的形成。

综上所述，盐业作为路桥区经济和文化发展的重要推动力，对路桥商贸发展的影响是多方面的，从经济基础、社会结构到文化形态等各个层面，都深刻地塑造了路桥区独特的商贸文化。

（二）温黄腹地

温黄平原以椒江干流南岸、楠溪江以东、乐清湾以北为主要区域，由永宁江和金清江冲积而成，东部和东南部濒临东海，总面积2361平方千米，现有耕地101.4万亩（其中水田87万亩），总人口250.4万人，分属台州市的温岭、黄岩、路桥、椒江四个市（区），是浙江省重要的商品粮生产基地。在新石器时代，随着河姆渡文明南迁，温黄平原出现文明曙光，路桥灵山遗址稻谷化石的发现说明路桥是温黄平原最早进行农业生产的地区。小人尖西周祭坛遗址说明中原部族迁徙给路桥带来了先进的农耕文明。共和岩画的发现，表明先秦时期，位于东瓯国腹地的路桥已经有比较发达的交通和农业。至宋代，温黄平原已经成为台州最主要的产粮区，素有"温黄熟、台州足"之美誉。至晚清民国，十里长街成为区域粮食销售中心，产生了以俞氏家族为代表的大粮商与发达的酿造业。

路桥因位于椒江、黄岩、温岭之间的中心地带，也成为三地交往的必经之地。据专家考证，在新石器时代，浙东沿海就存在一条人类迁徙的古道，对路桥人类文明的产生与发展起到了重要作用，峰江梅屿山曾出土青铜戈、矛等武器，这说明商代的峰江是交通要冲，有士兵来往或驻扎。目前已知的路桥古道有三条。第一条是由黄岩城关至经螺洋大南山至峰江白枫岙。唐代鉴真和尚第四次东渡走的就是这条线路。"大和上巡礼圣迹。出始丰县。入临海县。导于白峰。寻江遂至黄岩县。便取永嘉郡路。到禅林寺宿。"（真人元开《唐大和上东征传》）禅林寺就是现在的峰江香严寺，这说明当年从黄岩到温州，路桥峰江是必经之地。到了宋代，永嘉名士王十朋、叶适等也大多循着这条古道来往，在螺洋等地留下许多足迹。第二条是十里长街北侧的古道，从黄岩经桐屿，至河西邮亭后，沿海岸往南至温岭。邮亭是十里长街最古老的地名之一，具体起源于何时并未记载，因汉代有"十里一亭"之说，所以一些史志研究者认为东汉时所设。据杨晨《路桥志略》载，十里长街最古者为河西，这说明起码在宋代路桥成镇以前，便有这条古道。东晋王羲之游四郡时，相传就是经过这条古道至温岭松门，其间宿路桥，留下"右军墨池"遗迹。第三条，则由章安经椒江洪家向南，至石曲，再与第二条古道汇合。因此，河西、石曲的形成要早于路桥本街。路桥的内陆古道在黄岩汇合后，接入温黄古道等主道，向西连接仙居、天台，向北连接临海，向南连接温岭直达温州等地。路桥贸易线路中除依托海门港的海上线路外，最为成熟的是经黄岩至仙居皤滩的西行古道，古代路桥的盐帮和商帮，大多以皤滩为枢纽，再向金华、丽水、衢州等内地扩散。

香严寺（禅林寺）（陈建国 摄）

　　民国时，路桥陆路交通有了较大发展，作为浙江省最早动工修筑的三公路段之一的黄岩经路桥至泽国的公路于 1916 年开始修筑，1929 年修筑路桥至海门公路，1932 年成立黄泽椒公路汽车股份有限公司，总车站设在路桥三桥外青泗洋，1933 年黄泽公路建成后，在路桥设立了全县交通管理机构。

　　温黄平原作为浙江省重要的商品粮生产基地，为路桥地区提供了充足的粮食供应。路桥地区是三个区县的交会点，受益于温黄平原的丰富耕地，使粮食供应得以稳定，为商贸提供了基础。温黄平原处于古道交会之地，连接浙东沿海地区。这些古道的存在使得路桥地区成为南北交通要道，为商贸往来提供了便利。随着时间的推移，路桥地区的陆路交通基础设施不断发展，成为连接台州南北的重要交通枢纽。这些陆路交通的发展不仅促进了人员的往来，也加强了区域间的商贸活动，为路桥地区的商贸繁荣提供了条件。

　　陆路交通的便利化提高了商品流通效率。如民国时期，路桥至黄岩、泽国的公路的修建，极大地便利了路桥与周边地区的物资交流。

黄泽椒公路汽车股份有限公司的成立和黄泽公路的建成，更是直接推动了路桥地区与外界的联系，使得商品快速流通，不仅提高了交易效率，也促进了路桥地区商贸的进一步发展。

陆路交通的扩展拓宽了商贸活动的范围。通过陆路交通网络的建设，路桥地区不仅与浙东沿海地区连接更加紧密，而且活动还能够向内地扩散，如连接金华、丽水、衢州等地的商帮活动。这种交通网的拓展使得路桥地区的商贸活动不再局限于本地区，而是扩展到更广泛的地域，从而促进了商贸规模的扩大和商贸形式的多样化。

陆路交通的完善强化了路桥地区的商贸地位。路桥地区作为台州南北的重要交通枢纽，其陆路交通的完善不仅方便了人们的出行和物资的运输，也使得路桥成为重要的商贸集散地。这种地位的确立，进一步吸引了更多的商人和商贸活动到此地，形成了良性循环，促进了路桥地区经济的发展。

综上所述，路桥地区的陆路交通发展与商贸活动之间存在着紧密的相互促进关系。陆路交通的开通和便利化不仅提高了商品流通效率，扩宽了商贸活动范围，也强化了路桥地区的商贸地位，为其商业繁荣发展奠定了坚实的基础。

二、路桥商贸发展的人文环境

区域的人文环境作为一种综合性的社会文化现象，对商贸文化的发展和特点产生了深远的影响。具体而言，人文环境包括了该地区在政治、文化、价值观念、社会习俗及历史传统等多个方面的特质和积淀。

政治环境为商贸活动提供了基本的法律和制度框架，决定了商业活动的合法与否，以及商业往来的安全性和可预测性。例如，一个稳定的政治环境与完善的法律体系可以有效地保护商人的财产权和交易安全，从而鼓励商贸活动的兴起和发展。

文化因素和价值观念对商业习惯的形成和商业伦理的塑造具有指导性的作用。不同地区的文化背景和价值取向会影响人们对经济活动的态度和行为习惯，进而影响商业交易的方式和商贸关系的构建。例如，重商主义或儒家文化背景下的诚信价值观，对促进商业信誉和长期合作关系的建立起到了积极作用。

另外，社会习俗和历史传统也在一定程度上塑造了商贸文化的独特性。社会习俗如市场交易日、节庆活动等，为商贸活动提供了丰富的社会场景和交易机会。历史传统则为商业活动的传承与创新提供了丰厚的底蕴，使得某些商贸活动或商品成为地区标志性的文化符号。

一个地区的人文环境通过政治、文化、价值观、社会习惯和历史传统等多个层面，对古代商贸文化的发展和特点施加了复杂而深远的影响。这些因素不仅直接影响商贸活动的具体实践和商业文化的形态，而且间接地塑造了商业伦理和经济发展模式，从而使得每个地区的商贸文化都具有独特的风貌和内涵。

（一）地域人文

王士性《广志绎》曾云："浙中惟台一郡连山，围在海外，另一乾坤。"这是对台州地理的定位，也是路桥的真实写照。这种濒山滨海、"与世隔绝"的复杂自然地理环境，使得路桥人的生活方式与其他地区具有明显区别，更富有多样性。

现代黄岩学者方通良在《黄岩乡土纪要》中对路桥民风进行了概括总结："南官河流域，土地平旷，河流如织，交通便利，禾稻丰登，民多乐业，然贪婪好讼，不顾舆论。路桥为工商业中心，趋利者聚集于此，沿海又饶渔盐之利，众货毕给，不假外求，然民风较内地为强悍。"

跟台州耿直刚烈的"山民"性格不同，路桥人深得水乡之利，处事也灵活，讲究变通，但是也有自己的原则和底线。比如，路桥人曾经给人留下"刁而好讼"的刻板印象，似乎带有贬义。但从正面理解，其实说明了路桥人的两个优势："刁"是聪明，而"好讼"恰恰说明了路桥人契约和法律意识的觉醒。路桥人"好讼"但不"乐讼""强讼"，一切以公平为准绳，采取多种多样的形式来"息讼"，从另一个角度体现了路桥人敢于争取自身权益，并有着强烈的规则意识。

路桥人性格中的"海魄"与"水灵"相结合，形成了一种既刚毅又灵动、既坚持原则又懂得变通的独特性格。这种性格的形成，既有地理环境的影响，也有历史文化的熏陶。路桥人在历史的长河中，逐渐形成了自己独特的生活哲学和社会行为准则，这些都深深地根植于他们的文化传统和社会实践之中。路桥人的这种性格特点，不仅使他们在处理社会关系和解决冲突时展现出独到的智慧和策略，也使得路桥地区的文化更加丰富多彩，具有独特的地域特色。

自唐代以来到 1994 年建区，路桥一直是黄岩县下辖镇，远离行政中心，造就了路桥人不依靠他人、独立自强的性格。路桥商人以勤著称，喜欢实干，在实干中发挥创造力和能动性。他们最相信的往往是自己，而不依赖他人。

路桥地处沿海地区，地势低洼，最易受台风侵袭，使得路桥人民形成了勤俭刻苦的品格与劳作不息的生活习惯，特别珍惜大自然所赋予的每一份资源，重视、善用一切资源。勤俭刻苦的品格让路桥人能够将有限的人、财、物等资源浪费降到最低，而效用却发挥得尽可能大；劳作不息的生活习惯又使他们积累了大量的实践生活经验与知识，在环境变迁所赋予的时代机遇面前"厚积薄发"。

黄礁岛（台州市路桥区陆海建设集团有限公司 提供）

路桥濒临大海，沿海的渔民在海上捕鱼，在滩涂上捕捉各种生物，在海边晒盐，大海给了他们生存的机会。王士性说："海滨之民，餐风宿水，百死一生，以有海利为生不甚穷，以不通商贩不甚富。"也由于海上天气瞬息万变，风浪变化使得人们需具有较强的应变能力才能适应。与大自然的搏斗，培育了路桥人轻生死、敢抗争、敢闯荡、敢冒险的勇气和机智灵活的性格特点。

综上所述，路桥地域人文与其商贸文化之间的关系可以从以下几个方面进行分析：

1. 地域性格对商贸精神的塑造

路桥人的"海魄"与"水灵"的性格特征，促成了路桥商贸文化中灵活多变、敢于冒险的商业精神。这种性格使得路桥商人灵活应对商业机遇和挑战，勇于创新，不断探索新的商业模式和经营方式。同时，路桥人"好讼"但不"乐讼"的法律意识，也体现了他们在商业活动中重视契约、讲究诚信的商业道德观。

2. 远离行政中心的地理环境的影响

这种环境不仅促成了路桥人独立自主的性格，也使得路桥商人在商贸活动中形成了重视自身力量的经营理念。这种理念在商贸文化中体现为重视个人能力和团队合作，注重实践经验的积累和应用，强调自主创新和自我发展。

3. 对自然资源的珍惜和利用

路桥人对自然资源的珍惜和高效利用，不仅体现了勤俭节约的生活态度，也反映为在商贸活动中对资源的合理配置和有效利用。这种态度促进了路桥商贸文化中对成本控制和效率提升的持续追求，为路桥商贸的持续发展提供了重要保障，当代路桥能涌现规模庞大的循环绿色经济和二手经济，发展出"变废为宝"的商业模式，是其地域性格驱动的必然。

4. 海洋文化对商贸活动的影响

海洋文化的开放性、冒险精神和应变能力深刻影响了路桥商贸文化。路桥人与大自然的搏斗历程，不仅锻炼了他们敢于面对困难、勇于冒险的个性，也培养了他们对商机的敏锐洞察力和应对市场变化的灵活性。这种海洋文化的特质，使得路桥商贸文化在开放性、创新性和适应性方面具有明显优势，促进了路桥商贸的繁荣发展和对外贸易的拓展。

路桥的自然地理环境和独特的地域性格，不仅塑造了路桥人勤劳、创新、灵活、勇于冒险的商贸精神，也为路桥商贸文化的形成和发展提供了坚实的基础。这种地域性格和商贸文化的互动，共同推动了路桥商贸的繁荣和发展，形成了具有地域特色的商贸文化。

（二）人口与民里

人口是一个地区经济和文化活动的基础，它直接影响市场规模、消费习惯、劳动力供应及文化传承等方面。人口数量、结构和迁徙对本地商贸文化有着深远的影响。

距今 6000 年前的新石器时代，台州湾的海面上升趋于和缓，海平面稳定于目前高潮位附近。沿高潮位附近的路桥山麓地带，依山傍海，物产丰盈，开始有原始居民活动。他们聚居于山麓，从事原始的农耕、采集与捕捞，产生了原始的物品储存技术和物物交换。（以灵山遗址聚居点为代表。）

西周时，周穆王进攻徐国，泗水徐人南逃，部分来到徐山（今路北街道）周围，与当地土著融合（小人尖西周祭坛遗址佐证）。周显王后期（前 334—前 323 年），越为楚所灭，越族诸子逃到台州南部。2500 年前，即春秋晚期越王勾践时，路桥为越国的"东海"地区，属于"外越"部分。越人"水行而山处，以船为车，以楫为马"，过着"随陵陆而耕种，或逐禽鹿而给食"的农牧生活。先秦时期，路桥地区为东瓯国腹地，共和岩画描绘了当时的人民生产生活状况。汉武帝时期，东瓯国人受命迁至江淮，路桥人口大幅减少。到昭帝始元二年（前 85 年），在章安设回浦县，东汉初改章安县，路桥人口渐渐复苏。东晋明帝太宁元年（323 年），分临海郡，划出今温峤镇以南地域，立永嘉郡，这是温台两地分治的开端。其时临海郡的辖境包括章安、临海、始丰、宁海四个县，相当于今台州地区全境。全郡人口一万八千户。章安县辖境已缩小到今黄岩、温岭与临海市的滨海地区，路桥属章安县滨海中间地带。六朝时期，章安港真正发展成为中国东南沿海的"海疆都会"，商贸繁荣。晋代章安的盛况，后人有诗写道："东西列街市，高桥跨中央，湾环互轻舸，浦淑会经商。"南朝时，除水稻等粮食作物产量大幅增长外，章安县（含路桥）已有多种经济作物的栽培，其中最著名的是姜，干姜是闻名遐迩的地方特产，属贡品之一。此外，杨梅、栗子、蜂蜜等经济作物也有记载。汉六朝时期，以桐屿青瓷窑为代表的陶瓷产业兴起，也带动了人口的迁入。

晚唐以后，随着滨海盐田的发展，除了本地从事农田耕种的居民以外，有大量盐民迁入，如双桥现属蓬街镇，浃头王又称火烧王（属横街镇），两处王姓均从宁溪分支而来，连同长浦坦田王，同为唐代农学家王从德的后人，也都先从事贩盐而后迁居沿海以煎盐为业。四甲应姓与方姓均迁自仙居，也都先贩盐后转为煎盐。洋屿罗氏、前罗罗氏均为北宋名臣罗适后裔，井头罗氏因逃荒从江西来到三道沙岗（现机场内），搭茅厂、开海涂煎盐定居。其中还有横街坦田陈及云墩陈、后尚家的尚氏、上林林氏，也有不少从事煎盐的。下梁梁氏是唐宋间从临海百步迁来的，因靠海，后代繁衍，有不少以煎盐为业。随着唐代永宁县（黄岩县）的设立和黄岩港的兴起，路桥人口进一步增长。

宋代是路桥社会经济快速发展的时期，特别是南宋，因台州属于近畿，各姓人口大量迁入。地方文史专家管彦达统计了境内七十姓的迁入时间，其中宋代迁入的就有四十二姓，占60%。北宋年间迁入的有蔡姓、梁姓、张姓、陈姓、朱姓、陶姓、洪姓、蒋姓、范姓、余姓、夏姓等，而南宋年间迁入的有林姓、叶姓、徐姓、汪姓、姚姓、戴姓、沈姓、罗姓、刘姓、翁姓、解姓、杨姓、应姓、郏姓、金姓、胡姓、许姓、方姓、何姓、程姓、韩姓、秦姓、郭姓、江姓、吴姓、尚姓、陆姓、尤姓、任姓、茅姓、董姓、黄姓等，占全部人口的44%。[1]

路桥古民居（陈建国 摄）

　　明洪武四年（1371年），迁黄岩（包括路桥）数万人至安徽。成祖永乐元年（1403年）八月，徙浙江等九省富民实北京；永乐三年（1405年），徙浙江民二万户于京师，充仓脚夫。清顺治十八年（1661年）十月，清廷以沿海居民接济郑成功、张煌言等抗清为由，命户部尚书苏纳海到台州，撤临海、黄岩、太平、宁海四县沿海三十里内居民入内地，设桩作遣界，拆民房作木城，虚其地以绝援，并置兵防守。明代和清前期路桥人口大降，商贸业陷入低谷。康熙十年（1671年），展界十里，拆毁木城；二十二年（1683年）开海禁，迁民复居。路桥商贸开始复兴，并在晚清民国时期发展到高峰。

在人口迁入和集聚过程中，路桥形成了以氏族聚居的"里坊"，集中在十里长街及其周边，如谢家里、刘家里、王家里、李家里、乔家里、郑家里等，多达数十个。独特的"民里"①格局对路桥商贸文化产生了重要影响。

由于同姓氏的人常常在同一区域居住，他们之间建立了紧密的社会联系，人们通过社会关系建立起信任和合作的基础。在里坊文化的影响下，家族成员之间建立了深厚的信任关系。这在商业活动中尤为重要，因为商业涉及金钱和交易，信任是推动交易和合作的基础。同姓氏的人之间常常更容易建立起这种信任，从而促进了商业活动的发展。里坊文化强调家族和血缘关系，这在一定程度上也延续到商业领域。许多商业家族通过世代相传的方式，将商业经验、技能和资源传承给后代，这种商业传统有助于保持商业的稳定性和持续性，并形成有一定影响力的望族。

而十里长街的各姓"民里"聚居通婚，为路桥商业结构带来了多样性，促进了十里长街商圈的经济合作和分工。人们可以在不同领域互相支持和合作，传递商业信息，构成更为复杂的商业生态系统。

建筑往往是一个地区经济、文化状况最为直观的反映形式。路桥独特的自然、地理环境，造就了别具一格的古建遗存。

路桥"民里"一般朝南或东南，利于采光通风，俗谚"朝南屋，儿孙福"。传统住宅格局，富户多取院堂式，前庭后园，环以围墙，入门为庭，升阶为堂，正中为堂屋，两侧为居室，一般不开大窗，称"明厅暗房"。正屋两厢建厢房，环庭成天井，称"道地"或"门

---

① 民里：同姓民居。

堂"。富户单门独院，也有同宗数户成一院落。楼屋垂檐出桷，楼后檐低斜不开窗，以防台风暴雨，称"畚斗楼"。楼后檐较高并开窗者称"四面楼"。富家正屋及两厢檐牙高翘，如彩凤展翅，称"五凤楼"。农家大多为平屋或矮楼，就地取材，以砖木结构建筑。

郏家里老屋（陈建国 摄）

在路桥的古建筑中，尤其是长街一带，其建筑往往会根据商贸的需要加以修建，所以形成了傍水而建的十里长街。一般靠河多前店后埠，前门沿街，后门临河，还有过街楼。枕水人家有石板条铺就的河埠头，这些埠头既方便居民的洗涤浇灌，又是可装可卸的货运码头，呈"前店后埠"格局。这种建筑不仅保留了江南水乡的神韵，而且可以充分利用水路资源，为路桥商品的快速集散提供了充分的保障。

路桥传统民居建筑大多风格简洁、朴实无华，不如浙江中西部的民居高大气派，木件精美，也几乎见不到繁复的雕梁画栋。这种低矮的建筑形制，一是出于海滨小镇防台风的需要，二是宋风犹存，处处透着优美雅致的极简风格美学。基本沿袭了历代礼制规定，这是路桥人"经世致用"思想的体现，他们遵循实用节俭的准则，不张扬，不炫富。

第二章 商·脉

——路桥商贸发展的重要节点

路桥作为浙东南地区的商贸名镇，其商贸发展历史并非一帆风顺，脉络曲折但清晰，蕴含着四个重要节点，即汉六朝的滥觞时期、宋元的兴起时期、晚清民国的繁荣时期，以及改革开放后的兴盛时期。每一个节点，皆铭刻着路桥商贸繁荣历史的华章，彰显着历史文脉的厚重。这些节点，不仅见证了路桥从无到有的峥嵘岁月，更见证了千年商贸文化的沉淀，也彰显了其在浙东南地区经济版图中独特的地位与不可替代的作用。

一、汉六朝的滥觞时期

陶器的生产制作在商周时期已成为国家经济的重要支柱之一。自汉代以来，瓷器不仅作为域内的重要商品参与社会经济活动，同时也作为对外贸易的重要货品，通过海路与陆路向外传播。路桥先民自东汉开始就已在桐屿埠头堂一带烧造出成熟瓷器，并具备一定的规模。桐屿窑址是目前台州沿海发现的最早的青瓷制造和贸易中心，被称为台州古代工商业的滥觞之地。

（一）窑址分布及特征

桐屿窑址群位于桐屿街道永宁山南麓山坡上，现是枇杷园和杨梅地。由于地处平原丘陵地带，植被丰富，至今在埠头堂附近的河床和田畈底层蕴藏着大量紫金土，当地人称"金丝泥"。根据瓷片胎釉特征分析，判定该窑址群应为汉至南朝时期。2019年，浙江省文物考古研究所曾对桐屿窑址群进行考古调查，发现9处两晋时的古窑址，分别是大畈坦窑址、红砂岭窑址、虎头山窑址、茅草山窑址（2处）、岭岗头窑址、纱帽岩窑址、黄家山窑址、前后屿窑址，分布面积约5000平方米，以黄家山、红砂岭、虎头山三处窑址面积较大。采集残器有碗、盏、盂、钵、洗、罐、虎子、鸡首壶等。釉色青，青中泛黄或泛灰，有的施釉不到底，并有褐彩。饰弦纹、水波纹、米字纹或网纹、勾连回纹。装饰手法有刻画、堆贴两种。窑具有喇叭形支具、覆盂形垫具、覆盂锯齿间隔具。

同年，浙江省文物考古研究所与路桥区博物馆联合对茅草山东晋古窑址进行抢救性考古发掘，揭露出龙窑窑炉、灰坑、灰沟等大量遗迹，其中龙窑窑炉长20米。出土的青瓷器无论是器型还是纹饰都与同时期的越窑产品非常接近，同时也有一部分产品类似瓯窑。这表明处于越窑与瓯窑中间地带的台州青瓷器，显然受到了越窑与瓯窑这两大名窑的影响。桐屿青瓷器的烧造在吸收其他青瓷窑的烧造技术的同时，也融入了自身的特色。

1956年黄岩县修建秀岭水库，发现了56座从三国到南朝的墓葬，墓中出土了120多件青瓷。这批出土的青瓷器，有相当一部分为桐屿窑址群的产品，并且有准确纪年，为研究中国瓷器的演变提供了有力的断代依据。虽然这批瓷器的生产尚无法脱离越窑系，但也清晰地表明路桥也是三国两晋时期浙江青瓷的重要产区之一。

桐屿窑址群作为台州目前已知的四大窑址群之一，不仅烧造时间长、烧造规模大，而且类型丰富、产品质量高，曾大量作为商品为上层社会所接受，是浙江青瓷的重要组成部分，它不仅扩展了浙江六朝时期的青瓷烧造区域范围，而且极大地丰富了浙江青瓷烧造的品种与内涵。

桐屿龙窑模型（路桥区博物馆 提供）

（二）瓷器销售

汉六朝时期的青瓷分布遍及大江南北，浙江古代青瓷窑场大多为民营性质，产品主要满足周边市场需求。瓷器是易碎品，车行不便，唯一能够大批量安全运送青瓷产品的就是水路和海路。

东汉时期的章安县县治和临海郡的郡城都设在章安，作为县城的时间长达710多年，作为郡城的时间达330多年。然而，章安城周边地狭腹浅，而与之隔江的路桥沿海浅滩（今之温黄平原）地广水浅，为百姓生产生活提供了广阔的生存空间。桐屿窑址群就是为县城、郡城服务，依托行政中心章安城而发展起来的。晋杜毓《荈赋》云"器择陶拣，出自东瓯"，说的是东瓯以产陶著名。而东瓯地区在汉六朝时期出产的青瓷，路桥埠头堂是其中最大的生产基地。

埠头堂，顾名思义，便是埠头的堂地。埠头堂前是一条大河港，直通东海，而当时海岸线内缩，位于椒江南岸的桐屿埠头堂一带离海不远，且毗邻章安古港。由于章安城是临海郡治和章安县治所在，衣冠南渡的北方贵族大量聚集于章安城及其周边，东晋南朝时期的章安也是南方著名的"海疆都会"，因此桐屿窑址群生产的产品见于贵族墓葬、日本及朝鲜群岛也就不足为奇了。魏晋南朝时期，路桥青瓷业处于兴盛阶段，正是章安古港勃起时期。1986 年 2 月，椒江兆桥乡祝昌村（椒江与路桥交界处）"发现古钱币二百九十余斤"，"初步鉴定为西汉至南朝"。20 世纪 60 年代中期，"黄岩县曾出土以五铢钱为主的古钱六箩筐，内有太平百钱"。这些钱币无疑都是六朝时期在路桥境内流通中聚藏的。货币在路桥流通量大，也反映了商品交换的活跃。

（三）桐屿青瓷窑对路桥商贸文化的意义

1. 奠定"工商并举"的基因

桐屿青瓷窑是中国青瓷的起源地之一，也是台州古代工商业的滥觞之地。它的出现代表了汉六朝时期台州地区成规模的陶瓷制作和贸易市场的形成，并出现了不少技术革新，为古代台州经济发展提供了动力。青瓷技术的成熟带来的产品质量提升和品种丰富，使得桐屿青瓷成为章安古港最重要的大宗商品之一，促进了商贸活动的繁荣，奠定了"工商并举"的基因。

2. 扩展商贸网络

桐屿青瓷的生产与销售依赖于水路和海路的便利条件，通过章安古港等水域通道，这些瓷器不仅满足了本地市场的需求，甚至远销至日本、朝鲜等地，显示了路桥地区早期商贸网络的宽广。这种贸易活动的拓展，进一步促进了路桥商贸文化的繁荣和多元化。

3. 推动文化交流

通过对外贸易，桐屿青瓷成为文化交流的载体，不仅传播了当地的陶瓷技术，也促进了路桥与周边地区，以及不同文化之间的相互了解和影响。据考古发现，以路桥青瓷为源头的黄岩窑瓷器，大量出口至古高丽、日本、菲律宾等地，是"一带一路"海上丝绸之路文化的有机组成部分。这种文化交流加深了路桥地区在古代中国乃至东亚地区的文化影响，也反映了路桥商贸文化的开放性和包容性。

4. 体现社会经济结构

桐屿青瓷窑的兴盛，反映了当时路桥地区社会经济结构的特点。一方面，青瓷生产的繁荣说明了手工业在当地经济中的重要地位；另一方面，货币在当地的大量流通，反映了商品经济和货币经济的发展水平，也说明了汉六朝时期商贸活动在路桥社会经济中的核心地位。

5. 丰富商贸文化内涵

桐屿青瓷窑的生产和销售，是路桥商贸文化发展史的重要组成部分。从瓷器制作技术创新到商贸网络的建立，都体现了路桥商贸文化的实用性、开放性和创新精神，使路桥商贸文化的内涵得到了丰富和扩展。

六朝时期的桐屿青瓷，是台州陶瓷史上的一场重大技术革命，对当地社会的饮食起居、审美意趣和众多手工业领域均产生了深远影响，为古代台州商贸经济发展做出了重大贡献。

二、宋元的兴起时期

隋唐时，台州地区的行政区划，也随人口的迅速繁衍和地区经济的发展，而有所调整。隋开皇年间，改台州地区为临海县，隶属处州（后改为括州）。唐武德四年（621年），又于台州地区置海州，次年才改称台州，并将郡治迁到临海大固山麓。高宗上元二年（675年），又在章安县故地设永宁县，移县治于永宁山麓。武则天天授元年（690

年），改永宁县为黄岩县。政治中心的变化，地区经济的普遍发展，使处在台州心脏地带的临海港和温黄平原的黄岩港一跃成为唐宋时期的主要贸易港口。路桥归属于黄岩县治下，入宋以前，统称为灵山乡，北宋始有新安镇。南宋《嘉定赤城志》载："路桥镇（市），在（黄岩）县东南三十里，旧名新安。"杨晨在《路桥志略》里写道："自宋南渡，近属畿辅，人物渐繁，商贾渐盛，水利渐治，仕学渐兴。"实际上，路桥至晚在北宋中期，就已经成为黄岩县的一个商贸中心。

（一）十里长街的形成与寺院经济

五代吴越国时期，北方连年战乱，偏安一方的吴越国社会相对稳定，无论是出于政治军事原因，还是农业水利原因，南官河的开凿客观上都对路桥商贸的发展起到了极大的促进作用。路桥得益于南官河的畅通和靠近盐场，围绕盐业进行各类货品交易的新安桥附近聚集了大量的人口，在盐市之外还形成了以日用品交易为主的草市。

草市，是指宋朝开始在各城市城墙范围之外发展起来的商业区，大都位于水路交通要道或津渡及驿站所在地。因为市场房舍用草盖成或初系买卖草料的市集，所以命名草市。

草市的前身是唐朝坊市制度下乡村的定期集市。到宋朝，部分集市逐渐发展成为居民点乃至新的商业市区，与城墙以内的原有市区并无区别甚至更加繁荣。

宋神宗王安石变法期间，开始将这些草市视为城市的一部分管理，同乡村地区区别开来。此后，这些草市逐渐融入附近城市，发展成为城外的镇。

路桥十里长街的形成与北宋建隆元年（960年）蜀僧南慧在山水泾口（南官河与山水泾交汇处）东畔建立的妙智寺有着密不可分

的关系。

山水泾口（陈建国 摄）

宋人庄季裕在《鸡肋编》中记载："市井坐估，多僧人为之，率皆致富。"广东和福建、浙江等地远离政治中心，寺院往往成为人们的日常活动中心，尤其是处在市井中的寺院。妙智寺位于新安镇中心，地理位置优越，刚好处在南北向的南官河与东西向的山水泾交汇处，是经商的绝佳场地。宋以前寺院的经济基础以土地为主，因为那时土地就代表财富，财富的主要基础在土地而不在工商业。到了宋代，寺院的经济基础有了改变。这时工商业比以前发达，除了土地以外，工商业也是财富基础的主要组成部分。所以宋代的寺院一方面依赖土地的收入，另一方面又进行各种商业活动，以维持寺院本身的生存。妙智寺自然也是如此。

北宋蔡襄曾说："凡人情莫不欲富，至于农人、商贾、百工之家，莫不昼夜营度，以求其利。"那些处在闹市中的寺院也不能免俗，反而因为其特殊的地位，加上北宋对佛家律例极为宽容，很容易成为当地文化与商业交流的中心。路桥十里长街最繁华的地段廿五间，就形成于北宋年间。民间传说，有二十五个商人向妙智寺租用店铺，形成了长街最早的核心商圈，所以称为"廿五间"。《嘉定赤城志》云，妙智寺有田八百余亩，《路桥志略》特别在其后注明："今寺侧街屋犹纳地税。"寺侧街屋，就是指廿五间一带的店铺，证明廿五间自宋代到民国一直是妙智寺的寺产。

清·《於越先贤像传赞》中的陆佃像

元丰六年（1083年）前后，北宋名臣陆佃（陆游的祖父）曾给妙智寺撰写碑文。当时的住持是如吉和尚。陆佃在碑文中赞扬了如吉的经营，说他"善住持，置田数百亩，延斋众以为无穷永久之赖"。妙智寺的寺产到了如吉这一代，已经相当丰厚，如吉又购买了数百亩田地，作为寺院经济来源的永久依托，这在当时是非常有经济头脑的。一方面，他把田地以平价租给穷人耕种，"邑人多之"，以达到施善济世的目的；另一方面，又有了恒久的田租收入，可以维持正常的寺院发展。这是路桥人有据可查的最早的"义利并举"范例。所以，这个举措得到了知县陆佖的称赞，向陆佃"言其善"，所以陆佃才欣然为妙智寺作碑记。

目前尚无明确的证据证明处于商圈中心位置的妙智寺在出租田地和店铺之外还进行"质库"、邸店等商业活动。所谓"质库"，也就是典当业，商人也喜欢向寺院进行"融资"，因为寺院相对比较可靠。这种民间"金融机构"为当地商业的发展起到了积极作用。所谓邸店，是兼具货栈、商店、客舍性质的处所。"邸"指堆放货物的货栈，"店"指沽卖货物的场所。宋代寺院开设邸店成为常规操作。寺院出于宣教的需要，其租金一般也不会太贵，因此，各类商业活动更容易向寺院周边集中，并形成连排商铺和集市。这些活动在宋代的寺院中极为常见，《老学庵笔记》《鸡肋编》《梦粱录》等书籍中都有不少记载。有学者针对廿五间中出现的商业种类做过相关考据，认为至少到民国时期，这些行业中可能包括金银铺、当铺、客栈、书坊、瓦肆、药业、南北货等。

（二）路桥草市的商品

自宋代至明清，路桥草市作为当地重要的商贸活动区域，有四类主要商品：粮食、酒类、海鲜水产、土特产。它们各自承载着浓厚的地域特色和文化内涵。

1. 粮食

粮食作为草市的主要商品之一，反映了当时农业生产的成果和地域农业的特点。路桥的稻谷耕作历史可以追溯到6000年前的灵山遗址，灵山遗址发现了石犁头、炭化米粒和酸枣等作物遗存，还有村落房屋建筑遗迹。之前，路桥区境内两处就已发现石犁头，一处在南山善法寺后回龙山北麓山坡上，一处在下梁阻浪山麓泥土下。灵山遗址发现的石犁头则较大较完整。还有一种似石锸又似石锤的东西，大概是两用工具，尖端可以在土地上嵌种豆类种子，而锤端可以用来捣碎谷物。在 H7 等灰坑内还发现了大量炭化稻米遗存，这些稻米形态多样，保存良好，经碳 –14 测定，距今已有 5000 多年，这说明路桥先民们已经脱离了逐兽而食、逐草而居的原始生产生活方式，农耕文化已经成熟，为浙江史前农业研究和文明演化提供了珍贵的素材。

共和岩画（路桥区博物馆 提供）

　　在先秦时期，路桥为东瓯国腹地，农耕技术进一步发展，在桐屿共和岩画中，出现了明显的田、鱼、车轮等形象，形象地表现了当时农业耕种的发展。

　　宋代朝廷重视对浙江东南沿海平原的水利建设，尤其南宋时期，东南"水田之利，富于中原，故水利大兴"。温黄平原的湖沼地及其东部滨海的滩涂被围垦利用。从元祐七年（1092年）改堠建闸这一水利工程开始，经过系统地整治河道与修建大批陡闸等一系列工程，在号称有70万亩的温黄平原上建成了完整的南官河水系水利网络。这个水网能吞能吐，能蓄能泄，能兼收农田灌溉、排水、航运和水产之利，使富饶的温黄平原成为台州的著名水稻产粮区，所产的稻米供应整个台州地区及新昌、嵊县。正如朱熹所说："黄岩熟，则台州无饥馑之苦。"温黄平原治水措施，基本上是根据"少水截流"和"多水导流"的治理原则，将吴越时在湖沼地已形成的渠道改造成单一的河道，并在主河道的入海处修建陡门水闸。天旱就关闭陡闸，以便蓄水灌溉；遇涝就开闸泄水排涝，使水稻旱涝保收。经过南宋百余年的水利建设，温黄平原的水稻生产得到了极大的发展。系统的河道与陡闸建设，形成了整齐的航路网络，为后世发达的内河航运奠定了基础。

沈括在熙宁七年（1074年）就指出："温、台、明州以东海滩涂地，可以兴筑堤堰，围裹耕种，顷亩浩瀚，可以尽行根究修筑，收纳地税。"整治水利的同时，宋代还不断围垦造田，向大海要地，围涂造田，促进了滩涂的淤积，促使海岸线向外延伸，扩大了耕地面积。在南宋嘉定前，临海、黄岩、宁海就垦出涂田36582亩。

路桥位于温黄平原中部的南官河流域，得天独厚的自然条件，尤其是水利的便利，为农业生产提供了良好的环境。稻米是主要的粮食作物，在三国东吴时，路桥所属的章安地区已普遍种植水稻。当时，水稻的品种称"丹丘谷"，能够"夏冬再熟"，即春种夏收和夏种冬收，夏熟者曰"早禾"，冬熟者曰"晚禾"。这已是一年两熟的耕作制，也是农业栽培技术的一次重大突破，使章安（包含路桥）地区的粮食单位面积产量与总产量都提高了。

随着东晋南渡，中原先进的农业生产技术传入江南，豆麦等粮食作物开始在江南种植，农作物品种的增多，使粮食总产量进一步提高。一年两熟的"丹丘谷"，经过隋唐五代，已推广到台州各地。北宋真宗大中祥符五年（1012年），"以淮浙微旱"，又从福建引进早熟耐旱的"占城稻"，而广种于台州。此后，引种的"占城稻"又被称为"百日黄"。"百日黄"又演变为三类：早熟的叫"六十日"，中稻叫"八月白"，晚种的叫"晚稻"。早、中、晚三类中又各有3—4种之多，都是随平原低湿地与高亢地之不同，因地制宜地遍种于台州各地。此外，还有流水糯、白糯、黄糯等。水稻品种的增多，反映了宋代台州地区粮食作物栽培技术与生产水平的提高，为后世的水稻栽培奠定了基础。

当时黄岩县所产的稻米，"一州四县皆所仰给，其余波尚能陆运以济新昌、嵊县之阙"，大多通过内河与椒江运销天台、仙居、临海、宁海四县，多余的再由陆路运往绍兴属内的新昌与嵊县。黄岩的稻米还输往外地，如南宋孝宗乾道四年（1168年），福建建宁府饥荒，朱熹就调运黄岩义仓米六万石去赈济。理宗时，稻米也有运销广东的，诗人戴复古有诗云："当秋谷价贵，出广米船稀。"正因为外地常到黄岩采购稻米，难免有走私漏海之弊端，"州艘邻舶且暮移，又漏而驰之海"，反映了黄岩稻米的外销情况。①

豆、麦、粟等粮食作物，南宋时也在台州普遍种植。南官河流域有"温黄熟，台州足"的美誉，成为区域粮食产销中心。这些粮食不仅满足了当地居民的日常需求，也通过草市进行了广泛的交易，促进了与周边地区的物资流通。

---

① 金陈宋主编：《海门港史》，人民交通出版社，1995年。

2. 酒类

酒不仅是社交和宴请中不可或缺的物质，也是古代朝廷重要的财政收入来源之一。从隋代开始，朝廷就已经对酒业进行专卖和管理，设立"酒库丞"来负责酒库的管理，酒库主要指贮藏酒的库房。这种管理制度在中唐以后进一步发展，酒库不仅仅是贮藏酒的地方，还成了酿造酒的场所。

北宋时期，酒类专卖制度达到了兴盛的顶峰，体现在县乡级设有酒务、州军府设有都酒务的制度上，酒务成了一个专门负责酿卖酒和征收酒课的机关。尤其是在宋神宗熙宁时期，全国的酒务数量达到了1861处，显示了酒业在国家财政和经济中的重要地位。

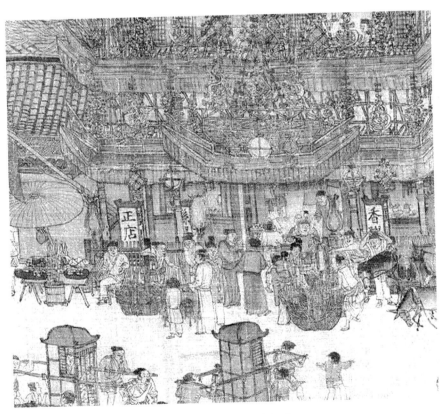

《清明上河图》中的酒家

北宋神宗年间，陆佃为路桥妙智寺书写的碑记中就提到了"浆牧酒保"，作为妙智寺周边的一个职业代表，反映了酒业在当时路桥社会生活中的普遍性。南宋时期，酒库的管理经历了由军队恣意经营到回归户部、地方经营的发展过程，这一过程不仅反映了南宋朝廷对酒业管理的调整，也反映了酒业在支撑南宋统治和经济发展中的重要作用。酒类专卖在北宋的基础上有了更大的发展，全面继承了北宋的榷酒制度，同时酒库林立，成了南宋社会的重要景观。南宋时路桥设有酒库，叶适的弟子邵持正就担任过路桥酒监。

由此可见，酒业在古代路桥社会经济生活中占据了重要的地位。路桥酒业从南宋始，一直延续到新中国成立后。民国时酒酱业就十分有名，产生了大德生、蔡醇和等老字号，还有一利酿造厂等制酒企业，新中国成立后发展为红卫酒厂，成为路桥商贸历史上的一个节点。

3. 海鲜与土特产

从东吴时期开始，地处台州沿海的路桥便有了发达的海上捕捞业。《临海水土异物志》中详细记录的 90 多种海上捕捞物，至今仍是台州洋面和滩涂的主要水产品。如大小黄鱼、乌贼、比目鱼、石斑鱼、海月（海蜇），以及滩涂捕获的蚶、蛎、蛤蜊、沙蟹、螃蜞等。这不仅展示了当时海洋生物的多样性，也反映了当时捕捞技术的成熟。此外，对大小黄鱼、乌贼等鱼类的生态习性和捕捞时节的描述，体现了古代人们对海洋生态的深入观察和了解。东吴时期的章安古港及其航海与造船技术，是当地海洋捕捞能力高度发展的重要体现。随着时间的推移，这些技术不断进步和完善，为海鲜的远洋捕捞提供了技术支持，也促进了地方经济的发展和外部贸易的扩展。到了宋代，随着科技的进步和经济的繁荣，路桥地区的海上捕捞及土特产加工业进一步发展，成为推动当地经济和文化发展的重要因素。值得一提的是，这些海鲜在后续的宋、元、明、清各代，仍然是当地经济和饮食文化中不可或缺的部分，特别是大小黄鱼在特定季节的迁徙和捕捞，成了当地居民生活中的一大特色。清代宋世荦《路桥船》云："一回潮上一回鲜，紫蛤花蚶不计钱，泼剌黄鱼长尺半，如飞摇到路桥船。"生动展现了路桥地区海鲜商贸的独特风貌。

"一回潮上一回鲜"描绘了海鲜随着潮水涨落而更新的生动场景，体现了海鲜商品的新鲜度，同时也暗示了路桥地区与海潮紧密相关的地理位置和经济活动。潮水的周期性变化，不仅为当地带来了丰富的海鲜资源，也成为当地商贸活动的一个独特节奏。"紫蛤花蚶不计钱"通过夸张的手法，表现了路桥海鲜的丰富多样和物美价廉。紫蛤和花蚶作为地方特色海产品，其丰富到"不计钱"的程度，反映了当地海鲜市场的繁荣及其对普通百姓生活的重要性。"泼剌黄鱼长尺半"进一步具体描绘了海鲜的品质，黄鱼作为一种珍贵海产品，其体长达到尺半（约合 45 厘米）的规模，既展示了大黄鱼的规格，也体现了捕捞技术的高超和海域资源的丰富。而最后一句"如飞摇到路桥船"描绘了渔民捕捞海鲜后快速运往路桥的情景，其中"如飞"形容速度之快，体现了当地海鲜供应链的高效和对新鲜度的极致追求。这不仅描绘了一幅渔民交易海鲜的生动画面，也象征了路桥地区海鲜商贸活动的繁荣。这首诗通过具体生动的描写，展现了清代路桥地区海鲜商贸的特色，不仅有丰富多样和物美价廉的海鲜，还有高效的供应链和渔民的辛勤劳作，共同绘制出一幅繁荣活跃的地方经济画卷。

另外，自古以来，路桥的土特产也十分丰富。南朝时期，章安地区的干姜便已闻名遐迩。路桥当时属章安，姜成为与海鲜搭配的重要食材，并形成了独特的饮食文化，成为一种用途广泛的特产。石曲塘桥的田蟹、松塘的茭白都远近闻名，有"松堂茭首塘桥蟹，下酒依然乡味真"之句。随着经济的进一步发展和文化的交流，这些土特产的生产技术得到了更大的提升，其生产规模和影响范围也随之扩大。尤其是在宋代商业繁荣和城市化发展的背景下，路桥及其附近地区的土特产，如陶瓷、木器、草席等，不仅供应本地需求，也通过贸易网络传播到更远的地区。

路桥及其附近地区的海鲜和土特产，不仅是经济发展的重要组成部分，也成了当地文化的重要标志。这些产品在促进经济发展的同时，也成了人们生活和文化交流中不可或缺的元素。尤其是在节庆、宗教仪式和社会活动中，这些商品承载了丰富的文化意义和社会价值，成为连接过去与现在、本地与外部世界的纽带。

（三）盐业经济

食盐是人们生活的必需品，不仅关系到人的健康，还是中国古代重要商贸物资和国家税收的主要来源之一。自古以来，浙东地区都是我国海盐的主要生产地之一，在漫长的海岸线上，分布着大量的盐场。据《史记》记载，春秋时期，吴楚东部沿海已开始煮海为业。从秦汉开始，朝廷开始管控盐业，设立盐业管理机构和两浙盐务官制，汉代置盐官于会稽郡。唐代设盐铁使。入宋以后，盐业经济更加发达，在管理、基地、技术、产量及财政收入等方面，都达到了一个新高度。

路桥地处浙东黄金海岸线中部，盐业发达，是黄岩盐场的主要组成部分之一。唐肃宗乾元元年（758年），黄礁附近就设有海盐集中转运处——亭场，五代后晋天福八年（943年），路桥沿海一带的盐业由分散生产进入盐场规模生产。

南宋《嘉定赤城志·场务》载："于浦盐场在黄岩县东南七十里，咸平三年建。"于灵山乡设于浦监公署，管理台州盐政，为两浙五监之一。盐场年产"一万五千余石，以给本州及越处衢婺州"。《宋史》

卷四十一载："黄岩有于浦、杜渎二盐场。"宋熙宁五年（1072 年），置迁浦（于浦）监于今太平县之南监街。其中长浦场、洋屿场等路桥盐场，都在于浦监管辖范围内。于浦监，水陆总汇又临邑之南岳。收储黄邑之双桥、浃头王、四甲应、洋屿罗、下梁（以上均属今路桥区）、新场、横河、新长、蔡洋、西王、莫家浦沿海一带场灶所生产的海盐。

元·陈椿《熬波图》中的《上卤煎盐图》

南宋淳熙年间，私盐盛行。朱熹巡行台州及黄岩，考察民间食盐，见大多购买私盐，屡禁不止，专门上《奏盐酒课及差役利害状》："一浙东所管七州，而四州濒海，既是产盐地分，而民间食盐必资客钞，州县又有空额，比较增亏，此不便之大者。夫产盐地分距亭场去处近或跬步之间，远亦不逾百里，故其私盐常贱而官盐常贵。利之所在，虽有重法不能禁止。故贩私盐者百十成群，或用大船般载，巡尉既不能诃，州郡亦不能诘，反与通同，资以自利，或乞觅财物，或私收税钱，如前日所奏台州一岁所收二万余贯是也。以此之故，除明、越两州稍通客贩，粗有课利外，台、温两州全然不成次第。民间公食私盐，客人不复请钞，至有一场一监，累月之间，不收一袋，不支一袋，而官吏縻费，吏卒搔扰，有不可胜言者。然以有比较之法，州县恐有殿罚，则不免创立盐铺，抑勒民户，妄作名色，抑令就买，出入暗昧，不可稽考。大略瘠民以肥吏，困农民以资游手。为州县、为提举主管者非不之知，然皆以国计所资，不敢辄有陈说。日深月久，民愈无聊。若不变通，恐成大患。臣生长福建，窃见本路下四州军旧行产盐之法，令民随二税纳产盐钱，而请盐于官。近岁官盐虽不支给，而民间日食私盐。官司既得产盐税钱，亦不复问其私贩。虽非正法，然实两便。"文中详细叙述了台温盐场当时的实际情况，分析了盐业交易的复杂因素，建议取消官买，改为在盐场收税，放开私盐贩卖。

官盐的扩大与私盐的兴起，意味着当地盐业贸易的兴旺。许多靠近盐场的盐业市集开始形成。路桥紧靠几个大盐场，盐商云集，促进了人口的聚集和商业的发展，"各就淋地熬煮，运盐由外江至会稽"（延丰《两浙盐法志》卷二），形成了通往中枢城市的贸易通路。路桥的前身新安镇，也大致建立于北宋初年。

（四）市镇发展

地理条件的差异，直接影响着物产结构的差异。入宋以来，随着社会生产力的不断提高，逐渐演变成商品生产的地域分工格局，由此促进地区间商品大规模流通。北宋时期，两浙地区盐业市镇的兴起主要通过两个途径：一是完全依托盐场形成；二是其他类型市镇因设有盐交易点，逐渐发展形成食盐集散地，即由市镇与盐业相结合而成。需要指出的是，在不少两浙沿海市镇中，盐业经济占有一定的比重，盐业市镇依海而生，赖海而兴。盐业市镇中的大量食盐需要通过各种方式向外输出，使得大多盐业市镇具有商品流通的职能，进而兼具商业市镇的一些特征。

北宋建隆三年（962 年），宋太祖下令在各地设县尉，收回原先被镇将控制的各地捕盗、听决等司法权，"其镇将、都虞候只许依旧勾当镇郭下烟火、盗贼、争竞公事"（《宋会要辑稿·职官》），这些自隋唐以来的基层军事据点，到了宋代便慢慢褪去以往的战略色彩，开始向商品化转换角色。"宋廷一方面大量裁撤军镇，只有居民较多、有着一定工商业经济的得以保留；一方面又通过县城降格、草市升格、税务坊场改置、交通驿站升置等形式，在各地相继增设了非军事性的镇。据不完全统计，从太祖到神宗朝全国增设了非军事性的新镇216 个。"北宋中叶神宗时期，王安石主持推行"熙宁变法"，改变了自真宗以来形成的积贫积弱局面，变法举措极大地刺激了两浙农业、手工业的迅速发展，以及在此基础上的城镇商业繁荣。自宋代中后期开始初步推行"盐钞法""折中法"，使得两浙地区的盐业生产规模进一步扩大，流通也更为活跃，这些盐业市镇正是自北宋中叶开始官府设立的盐场，交易场等官办盐业机构而逐渐成形的。[1]

鉴于以上所述，路桥市镇的形成应该属于第二种类型，即商业市镇（草市）与盐业市镇相结合而成的综合型市镇。

北宋元丰年间，两浙路已有 75 个市镇，其中新安镇便是台州 9 个大市镇之一。到南宋时期，两浙市镇与草市的数量大幅增长。比较元丰三年（1080 年）时两浙路各州府镇的数量，"镇江府（润州）由 5 个增至 7 个，临安府（杭州）由 12 个增至 16 个，嘉兴府（秀州）

---

① 刘洁：《宋代两浙盐业市镇研究》，浙江师范大学硕士论文，2015 年。

由 4 个增至 6 个，湖州由 6 个增至 7 个，庆元府（明州）由 3 个增至 7 个，台州由 9 个增至 12 个"。在这一时期，草市的增加与繁荣更为突出，即如南宋人刘宰所说"今夫十家之聚，必有米盐之市"，南宋市镇呈现出点、线、面的立体推进态势，超越了以往任何朝代。南宋市镇分布的密集化和均匀化，意味着各个市镇之间往来与联系的增多，构建了两浙路的基层市场体系。这也为盐业市镇的范围与规模的扩大奠定了基础。

南宋·李嵩《市担婴戏图》

市镇人口的聚集进一步催动了商贸业的繁荣，十里长街以妙智寺为中心，向南北两端延伸，最终于河西、石曲连成一体，商贸大镇初见规模。此间，王十朋、朱熹、叶适等著名人物也到访路桥，特别是永嘉学派集大成者叶适，相传在路桥螺洋隐居讲学数载，其学说被奉为台温地区民营经济的理论源头。

（五）路桥场务的设立与路桥地名来历

路桥的地名来源于新安桥。《嘉定赤城志》载："新安桥，在县东南三十里，一名路桥。"路桥商贸历史上的一个代表性事件，就是宋代路桥场务的设立。在《宋会要辑稿》之《食货一六·商税二》中，记载着宋神宗时期（1048—1085 年）"台州旧在城及黄岩、港头、县渚、路桥、宁海、天台、仙居八场"，其中路桥务的商贸税收为六百三十三贯八百八十五文。而《食货二十二·盐法五》又记载了路桥场的盐业税收为八百八贯八百一十二文。虽然盐税的征收没有确切的时间，但从该节同时记录的北方城市盐税来看，应该也是北宋中期的数据。可见，在宋代官方已经将新安桥一带的区域，亦即前文的廿五间一带称为路桥，这是目前有史可查的最早的路桥地名记录。作为当时台州八大市场之一的路桥，在北宋中期，其商税与盐税已经基本持平，盐税略多于商税，亦从一个侧面证明路桥已经成为盐业和其他商业并存的一个集散市场。

"市"是一个区域内的商业经济中心，由草市发展而来。所谓草市，就是百姓聚集在一起交换贸易的集市。而"镇"，原本是驻军地，也称"军镇"，但到了宋代，宋廷一方面大量裁撤军镇，只有居民较多、有一定工商业经济的镇得以保留；另一方面采用县城降格、草市升格、税务坊场改置等形式，相继在各地增设一些非军事性且是地方农业生产和商业贸易重要节点的行政镇。"镇"是宋代商贸经济发展的产物之一，所谓"民聚不成县而有税课者，则为镇"（宋·高承《事物纪原》），就是指人口还不足成为县，但却是重要税源地的地方，设立"镇"。到北宋元丰三年（1080 年），两浙地区已有镇市

75个。"市"和"镇"通常都设有"税务"或"税场",负责税收的征收和管理。通常,"镇"较"市"要大,"镇"往往由"市"发展而来。

新安桥（张崇生 摄）

"场"是宋代的生产经营机构,它的设置地点通常在交通要道、商业氛围浓厚、商税较多的地方。而"务"则是场的具体赋税执行单位，设有监官，负责税收的征收和管理，以及查处走私等违法行为。很多时候，"场""务"都合在一起说，代表税收征收机构。一般来讲，"务"较"场"要大，大致相当于现在的地方税务分局和市场分所的区别，许多"场"经过发展，往往升格为"务"，如"路桥场"在熙宁十年（1077年），就已经升格为"路桥务"。

应当指出的是，在宋代税收体制当中，有一种非常有经济特色的税收，那就是宋代近桥而征的税，称为"桥场"或者"桥务"。因为桥梁对宋朝的贸易和运输至关重要，桥梁的位置在商业城镇和市场的发展中起着关键作用，特别是发达市镇的桥梁，通常位于商业活动密集的地区，是重要的交通枢纽，人流量非常大。于是，桥便成为场务机构设置的理想位置，场务设在这里，可以随时监测商业活动并确保及时征税。新安桥一带之所以称为"路桥场"或"路桥务"，正是"桥场"或"桥务"的典型代表，它与当地的区域优势及税额的增加有关。"无桥不成路，无桥不成市"，路桥之所以称"路桥"，亦是陆路和水路交会之桥的意思。

路桥十里长街自古就有"庙对庙，桥上市"之说，其中"桥上市"习俗，俨然是宋代商贸文化的重要遗存。路桥场务设在新安桥，也就是十里长街核心商圈廿五间所在，说明自北宋开始，这里就已经形成了相当规模的市集，十里长街核心商贸街区早在北宋中期就已经相当成熟。路桥地名本身，就是宋代商贸文化的缩影和象征，也是路桥最有代表性的宋韵文化。

（六）海外贸易

古黄岩是吴越国对新罗国通商的主要基地之一，新罗商人曾在县衙东设立新罗会所。北宋熙宁九年（1076年），范世文建新罗坊。路桥地方文献虽没有明确记载此间对外贸易，但路桥地处海滨，北宋时已经成为黄岩重要商业集镇，可以推测海外贸易应与黄岩同期发展。

宋元鼎革，江南地区的经济发展与社会结构没有遭受大的破坏，唐宋以来江南农商社会的发展成果得到比较完整的继承。在元朝的重商政策下，江南地区的商人异常活跃。元时，于浦盐司每年所办额盐大约九千五百九十引。"引"指盐引，又称盐钞，为宋代的取盐有价凭证，可以作为"代币"流通。据《宋史·食货志》记载，盐引每张领盐约合116.5斤，价值六贯。元代继承了宋代的盐场，但收紧盐务，税制苛刻，导致盐价飞涨，百姓苦不堪言，只好转向购买私盐，东南沿海私盐泛滥。元末首义的方国珍就是路桥滨海盐民首领。

元代台州的海运主要是漕运。"元都于燕，去江南极远，而百司庶府之繁，卫士编民之众，无不仰给于江南"，而江南漕粮的负担又主要集中于苏南、两浙。至元十九年（1282年），朝廷开始由海道运输江南漕粮。次年，专设海道运粮万户府，职掌海道运粮供给大都。在海道运粮万户府下，又分设5处海道运粮千户所，即温台、庆元（宁波）绍兴、杭州嘉兴、昆山崇明、常熟江阴，分别管理所辖境内的漕粮运输事宜。以后海运千户所的编制屡有变更，而温台海道运粮千户所始终存在。温台所含的台州，就是元代漕运的支线之一。此间，路桥所产粮食，都是通过海门港等港口漕运，运至庆元再北上。海路往南则与福建发生频繁的联系，方国珍起义后，曾一度梗阻漕运，其海上军事活动和贸易也到达福建沿海。

方国珍海外贸易场景模拟（路桥区博物馆 提供）

　　方国珍割据浙东期间，奉行保境安民政策，大力发展贸易，成为元末甬台温三州经济繁荣的助推者。在其入海两年内，就拥有海船1000余艘，此后不断地造船，以至成为浙东独一无二的航海力量。方国珍利用海运的优势，积极致力于发展海外贸易，改庆元路市舶提举司为"海沧馆"，"番货海错，俱聚于此"。《至正四明续志》记载庆元进口舶货有220多种，比南宋的《宝庆四明志》所载舶货多出60余种。无怪乎元人在描绘庆元时这样写道："是邦控岛夷，走集聚商舸。珠香杂犀象，税入何其多。"随着拥有船舶数的不断增多，航运实力日趋雄厚，与日本、高丽的通商也便成了常态来往。据《朝鲜李朝实录》记载，其曾先后五次遣使向朝鲜国王进贡方物（土特产），时间自元顺帝至正十九年（1359年）八月戊辰至正二十六年（1366年）十月乙巳。名义上是朝贡，其实是一种海外贸易方式，发展贸易给方氏集团带来了丰厚的财政收入。

　　在备军和海外贸易的推动下，方国珍积极改进船只结构工艺，"造船千艘于海上"，并把体大坚固的福船作为主船舰，推动了中国造船业和航海业的发展，对后来以"郑和下西洋"为代表的明代航海事业及中国海上丝路的形成做出了不可磨灭的贡献。此外，在路桥、泽国水乡地带，方国珍割据时期也造了不少桥梁。如清《嘉庆太平县志·地舆志》载泽国："三衙桥即方衙桥，与黄境四衙桥皆洋山兄弟炽盛时建。"这些都客观上促进了元明交替时期路桥的商贸发展。

三、晚清民国的繁荣时期

明代中期以后，路桥倭患严重，加上严格的海禁政策，又受到清初迁海政策的影响，路桥商贸发展几乎处于停滞状态。"吾乡晋唐以前，殆犹荒僻。自宋南渡，近属畿辅，人物渐繁，商贾渐盛，水利渐治，仕学渐兴。顺治十八年，以鲁监国郑成功故，尽徙沿海三十里居民入内，空其地，佃渔不遂，舶贩不行，困苦极矣。及康熙九年，始许复业，薄赋役，于是渐休养生息，至乾隆而极盛。"[①]

康熙开海后，路桥商贸业才再次蓬勃发展起来，至晚清民国时期，路桥商贸达到繁盛阶段，"路桥故称膏腴，商贾之所萃也，丁口约五万余，客民殆三之一，富人连阡陌"。

鸦片战争后，中国面临前所未有的国际压力，尤其是来自西方资本主义势力的压力。随着《南京条约》等一系列不平等条约的签订，中国被迫开放多个通商口岸，这不仅标志着中国主权的严重丧失，也为外国资本主义势力进一步侵入中国铺平了道路。这些外国势力借助通商口岸作为跳板，深入内地进行经济侵略。他们通过倾销工业制成品，破坏了中国传统的农业和手工业经济结构，同时又极力攫取中国

---

① 《路桥河西杨氏家谱》。

的原材料，进一步掠夺中国的财富，严重破坏了中国的经济基础和社会结构。同时，也给中国撕开了通往世界的一道口子，原来自给自足的经济走向解体。作为商贸重镇的路桥，随着北边海门港的开放，也发生了翻天覆地的变化。

面对西方商业文化大举入侵，受洋务运动和新文化运动的影响，"实业救国"的思想在这一代商人中渐成潮流。"富国以地利为本，而兼及乎通商课工。""通商惠工诚今日之急务……既不能富，何以能强？"[①]

（一）"洋货"入路桥

早在元末，就有倭寇在台州宁海一带骚扰。明代，倭乱更甚，倭寇从海门登陆，频频犯境，路桥人民被迫卷入沿海抗倭的斗争。顺治三年（1646年），清军占领台州后，台州人民的抗清斗争此起彼伏。顺治至康熙年间的迁界与复界期间，台州沿海农业区域长期荒弃，人口大量减少，百业凋零，渔业及航海停顿。此后接踵而至的太平天国运动，叠加时有发生的沿海地区海溢，更使路桥社会经济与民生屡屡遭受重大打击。随着甲午战争的爆发，中华民族危机空前严重。一批忧国忧民之士积极践行"实业救国"主张，探索实业救国之路。辛亥革命以后，参与者从民族工商业者扩大到了普通民众。路桥人以航运领风，力争利权，自强求富。他们融合民间资金、兴办实业、创立商会，掀起了民族自立的浪潮，加速了路桥近代工商业的转型与发展。路桥商贸犹如坚韧不屈的青藤，在危机的缝隙中艰难求生。随着西方列强的入侵所带来的商品种类的增加，以及民族资本主义工商业的短

---

① （清）杨晨：《富强本计疏》《裕国计疏》。

暂繁荣，路桥商人抓住契机，使路桥商贸在晚清民国时期得到迅速繁荣，并呈鼎盛之势。

杨晨在他的《路桥志略》里以磅礴又客观的文字，真实记录了路桥十里长街民国初年时的商业变迁。他目睹了晚清到民国时期路桥集市的主营业务如何从原始的当地土特产转变为更加丰富高端的外来货物，从而成为远近闻名的现代商品集散中心。

"……然商业之盛衰亦随时而迁变。如食米，前聚三桥，每市太平及各乡船来百数艘，价值万余金；今太米不多矣。棉布贩自松绍，绸缎来自苏杭，苎葛运从江右，土布土绢则横街各村所织，每市亦几万金，出售温州、福建；其后洋布大行，松绍将绝迹矣。南北杂货昔年约数十万，今轮船畅行，已为海门所夺。鱼盐昔年亦十余万，今为金清所夺。其昔无而今有者，一曰洋货，道光末年东西洋商各以智力争夺利权，如呢布绒线、玻璃灯镜及诸玩物，日新月异，炫巧矜奇，朘人脂膏，莫此为甚。一曰洋烟，本以药料入贡，华人嗜之成癖。道光初年，种花之法既传，食便愈众，士风日颓，细民失业，且有仰药而死者矣。一曰洋纱，本地产绵不足，昔多贩自余姚，今洋纱盛行，人乐其便，乃设布厂，女工织之，或收利于万一也。一曰洋铁，自洋铁行而本铁少。一曰洋靛，自洋靛盛而本靛微。一曰药物，各县药肆多宁波人，吾镇则皆土著，近来东西洋丸药列肆市中，尚未甚信用。一曰钟表，男女皆喜佩置，以为美观，修理亦有专肆。一曰枪炮，自道、咸以后，各乡团防，始有火枪，继尚洋器，往往私斗伤人，资寇行劫，此见其利而害仍不免也。"

杨晨对路桥晚清和民国初期的商贸作了客观的评价，既指出了路桥商贸的危机所在，又描述了洋货进路桥的热闹画面，虽然其中不乏批评之意，但从另一方面，我们可以从中发现路桥市场的商品种类在这个时期有一个大爆发，成为进口技术和进口货物的集散地。

海门港是浙江海关的子口之一，称家子分口。鸦片战争后，根据一系列不平等条约的规定，外国商人可以通过转口贸易，在通商口岸的上海或宁波两海关取得子口单，倾销商品到海门港。道光末年（1850 年）以后，各类洋货开始向海门港输入，再运销台州各地。其中，最著者有棉布、棉纱、熟铁、缝针、煤油、火柴、香烟等。以上各种机制工业品，从咸丰、同治年间到第一次世界大战前夕，几乎垄断了台州各地的市场，形成了外国布代替土布、外国纱代替土纱、外国铁代替土铁、外国油代替菜油、卷烟代替土烟的局面。台州原有的家庭纺织业、手工煅铁业、油业、烟业都受到极大的冲击。

外国布、外国纱之输入海门港，当在 1877 年温州辟为通商口岸之后，外国布、外国纱先从上海、宁波输入温州港，再转输入海门港。据《瓯海关华洋贸易情形论略》所载，1891 年始有商人贩运棉纱 54 担到温州港，次年就增至 461 担，而"大半分运平阳、台州作织布之用"。这清楚地说明海门港未与上海、宁波通航轮船之前，棉布与棉纱是从温州港转输而来的。[①]

输入海门港的棉纱，大多作为纺织土布的原料。路桥横街就是土布织造的集中地，路桥街上也陆续开办了织布厂，以"小木年"（厂号）为代表的近代民族工业开始出现，至民国中期达十数家之多，成为台州的布纺中心，消耗了大量原材料。

（二）手工业和近代工商业兴盛

路桥商贸业的繁荣始于手工业，至民国时期，已经形成许多优势手工行，如麻袋、草席、麻帽、染织、鞋帽、圆木、棕绷、绣花、制

---

① 《海门港史》。

笔、纸扎、花灯、佛雕、乐器、戏曲服装用品、文具、量秤、制伞、卷烟等。手工业的发达直接推动了近代工业的发展。

民国时期，路桥的私营工业在台州最为发达，以棉纺织业为主，辅以碾米、酿造、发电、烟业、化工、铸造等。1916 年，路桥"小木年"木机生产毛巾，为台州织物厂之始。1918 年，郏道生兄弟创办普明织物厂，其生产的"福梅牌"产品于 1935 年参加全国工商博览会荣获一等奖章。此外，路桥还出现了许多优秀的工商业家，如王逸之经营印染业、刘治雄经营酿造业等。路桥的传统手工业除了拷绢和麻帽外，还有桐屿草席、打钉王（田洋王）土钉、新桥水沟里小五金、湖头箬帽篓、下梁卷桥鱼箭等，也都得到了极大的发展。

小木年毛巾厂旧影（路桥区博物馆 提供）

抗战时期，日军封锁港口，临海、海门因在敌舰射程以内，时受轰击，两地工厂纷纷迁至路桥一带，此时的黄岩城关、海门商业一度萧条，而路桥工业突趋兴盛。当时有海门人办的同康酒酱作坊、明华肥皂厂，绍兴人办的和记镀厂，宁波人、海门人办的"兴发"等两家铁机厂，以及萧山人办的碾米厂等。供应抗战物资的棉织业尤为发达，除了路桥本地人开办的棉织厂外，还有泽国人、洪家人、临海人、天台人办的丁德祥、利民等布厂，下陈人阮晋魁办的扣布厂，黄岩人办的大中华等七八家袜厂。据统计，1940年，路桥镇有棉织机户80多家，铁木织机300多台；1946年，路桥共有机户187家，计有铁机12台、木机396台，为台州棉织业的生产基地和集散地。民国《黄岩县志》载，1942年黄岩全县共有商业经营户7141户，其中城关、路桥3784户，占全县商业总户数的52.99％；农村3357户，占全县商业户的47.01％。路桥镇大街小巷有各种商店820家，占全县商店总数的39.52％；赶市摊贩2110户，占全县摊贩总数的41.65％。民国时期十里长街货品有50多类，如绸布、棉纱、棉花、土布、百货、粮食、南北货、咸鲜、酒酱、鲜肉、饴糖、水果、水作、国药、西药、食盐、纸烟、烟丝、油脂、油烛、文具、书籍、陶瓷、竹木、铁器、铜器、镴器、袜业、鞋业、纸业、丝线、颜料油漆、百杂、土纸（迷信品）、络麻、板炭、染料、草席、山地货、秤店等。服务业有饮食、旅店、典当、钱庄，银楼、理发、照相、钟表等。集市交易商品有席草、草席、苎麻、土布、棉纱、海鲜、水果、蔬菜、猪、羊、鸡、鸭等。

在商贸市场的繁荣下，诞生了无数享誉周边的老字号。以医药产业为例，此期间仅十里长街就分布中西药店和民间医疗机构23家：西边街的於祖贵中药店，墙前河岸路的国光医院，直街西的亦大生中药店，直街东的苏培源中药店、泰昌中药店，东岳庙东的德生中药店、葆元参号、丰大参号、众信中药批发站、阜大中药批发站，东岳庙西的新泰康中西药店、朱永丰药店，马路下东的元丰和药栈、元丰和中药批发站，马路下西的新华中西药店、管平乐牙科、大陆西药店、乐大药店、马子汉诊所，新三街的夫妇医院、同仁堂中药店、杏人堂中药店、济急堂中药店。

（三）金融业的兴起

根据记载，民国时期，与商贸有关的金融产业和基础设施也在发展。路桥地处江南一隅，自古少官商而多民商，繁盛的民间贸易催生了配套的金融产业。典当行是商业募资的有效途径，钱庄是商业交易的纽带，聚会则具有大众之间互济互助、解困扶贫的效能。这三种形式的资金流动对民国时期路桥的商贸发展起到了极大的促进作用。

大亨当铺当票（复原）（路桥区博物馆 提供）

当商为百业领袖。典当业根据资金多寡、业务范围大小，分为一典、二当、三押、四质，而"代步"则只是代理性质，筹备开设时，明、清时向省藩司，民国时向省建设厅申请核准经营业务范围。

其项目为:(1)吸收存款(公私均有);(2)收受群众以实物抵押贷款,月息最高二分,最低一分二厘,限期最长为 28 个月,最短为 16 个月,过期不赎,则予没收(但一般均于时隔 32 个月后,才出售给拆衣店即旧货店)。抵押实物主要为金银首饰、书画古玩、衣冠礼品,也有用田、屋契据抵押的。其手续为:顾客拿东西到店,由柜头先生估价,双方同意后,即开给当票(注明品名、数量、当取金额、限期等),然后付款、收藏。如遇珍贵或重要押品,则由管包亲自接待,估价、处理。店内由老板雇用管包(即经理)一人、管账一人(会计兼出纳)、柜头若干人,及司库、学徒等,人数视店之大小不等。此类店铺大都位于城镇较静僻处,一则顾全求当者面子,二则可吸收贼赃。据 1934 年国际贸易局出版《中国实业志》载列,黄岩县典当共有 19 家,其中路桥就有 10 家。这些当铺标榜"岂是图财取利,无非救急为心",前者非实话,后句则确符合客观实际,因一些穷困户或临时急用钱而借贷无门的人可以借此暂渡难关,虽有利息,也不太高,一般都能按期赎取,不致没收。官府也常借以调剂周转,故自宋以来,迄新中国成立前夕,历久不衰。

1934 年《中国实业志》记载的路桥典当行一览表

名称	设立年月	设立地点	组织性质	资本额
张裕济	清咸丰年间	石浦桥	合资	—
陈阜康	清光绪年间	坦田	—	4000 银圆
俞正大	清光绪年间	路桥	独资	4000 银圆
管泰来	—	新桥管	独资	—
俞晋丰	1912 年	卷洞桥	—	4000 银圆
叶广济	1913 年	路桥	独资	3000 银圆
阮有恒	1915 年	石曲	独资	8000 银圆

续表

名称	设立年月	设立地点	组织性质	资本额
阮有豫	1918 年	石曲	独资	3000 银圆
俞晋源	1924 年	路桥	独资	3000 银圆
张大有	1925 年	下塘角	独资	3000 银圆

注："—"处为原资料缺失。

"典当业其正本均属不大，但除正本外尚有许多附本。所谓附本者，乃当商股东及其子女亲戚存款，于本当长期不动以供运用，其数额恒较正本为大，故各当资本不大而营业得以扩充也。当业所收之物，以衣服为大宗，满期之货，与收当时价值大不相同，以致贯头跌价，一般当业莫不大受影响。至抗战军兴，本邑典当全体闭歇。胜利后始稍有兴复。"①

钱庄兴起于清末民初，鼎盛于新中国成立前夕。其初均为正式呈由政府核准之商号，后期则私设者甚多，故有明、暗两类，其暗者即所谓"地下庄"。资金大小不等，业务包含存、贷二种。存款一般月息一分，贷款利息则浮动，分忙、淡两期，凡每年之三节（端午、中秋、年关是旧社会商业结账期）前后为忙期，因银根紧，故利率高，此外则为淡期息低；另亦有视对象与用途、贷期长短而定的。存款用手折，贷款立票据，手续简便灵活。黄岩钱庄发轫于 1928 年至 1932 年，有 30 余家，其中路桥街 6 家、金清 1 家。各钱庄一面收受存款受人信用，一面则放出款项授人信用，以取得利息，其放款分浮收（活期放款，随时可以收回）和长放（长期放款）两种，规定有不同的利息。

---

① 民国《黄岩县新志》。

路桥钱庄旧址（张崇生 摄）

在很早以前，路桥市上各种款项移转就不以现币交付，只需委托钱庄，于其账簿上转载收付。凡欲利用过账，均与钱庄建立关系。旧时路桥街上钱庄分为三个等级，有大同行三十一庄、小同行二十九庄、现兑行三十九庄。大同行可以直接过账，其牌号有代表过账效能，而小同行和现兑行须经过大同行间接办理。过账金额须在五元以上，五元以下用现款解付。路桥商贸中的过账媒介物有"过账簿""经折""庄票""信札"四种。用"过账簿"过账的多为商家。簿长六寸，阔四寸，蓝绸面子，页数八十或一百不等，页各两面，每面分上下两格，行数各八，上下格间留空少许，以别收付。钱庄于开业时分送给顾主，簿面中间写顾主户名。左书某某钱庄，右列年份，凡有此簿，即可以过账，名为"过账簿"。"经折"过账，多为存款者用，为支取货物之折。折面不写字，折心之面，书一存户记号，折内虽有钱庄资为凭证之图案，客也为暗记之篆印。这唯有存款人与钱庄两者知之，所以能保护存款人。如果"经折"遗失，因钱庄众多，得者一时也难达到目的。"庄票"统称"上票",亦可用作解付款项,不能为收款之用。用信札者可以不用庄票,而用庄票者必须兼用信札。钱庄在开业时将庄票分送给顾主,庄票分三联,左联票根,存于钱庄,右联也是票根,中联为票面,均由顾主持之,而以支款凭交与钱庄查验。"信札"过账,多用于距离远的各埠乡镇,因交通不便,以信札代之,只需与路桥钱庄有关系,凡是向街上商店或个人收解款项,都可办理。凡在各地商号或个人,与路桥钱庄有往来,亦可托钱庄转取或转付。

路桥钱庄报纸广告（路桥区博物馆 提供）

而在民间,某人需要较大款项（一般用于大额投资或者急事）,也可自行或委托他人发起"聚会",邀请亲友、房族、邻居中交情好而经济较宽裕者参加,其集资多少视需要与所能邀集到的人数多寡而定。分期集资，分期付息，每期由急需用钱的先得，先得者向后得者付息，此类活动一般建立在互助互信的私人关系基础上。

1930 年路桥区钱庄一览表（部分）

名称	设立点	组织性质	营业种类	资本额
达远	路桥	合资	钱业	5000 银圆
大通	路桥	合资	钱业	4000 银圆
久丰	路桥廿五间	合资	钱业	2500 银圆
合慎萃记	路桥	合资	钱业	4200 银圆
华丰	路桥殿南街	合资	钱业	—
孚远	路桥	合资	钱业	4000 银圆
大有	下塘角	独资	钱业	5000 银圆

注：引自民国《黄岩县新志》，"—"处为原资料缺失。

各钱庄一面收受存款受人信用，一面则放出款项授人信用，以取得利息，其放款方式有下述两种。（一）浮收。即活期放款，随时可以收回。浮收利息以毫息计算。计算以一元为单位，故其利息亦以毫为单位，因有毫息之称。毫息限率由同行公议，规定娄时最低二毫，即每元每日最低利息二毫。若以月三十日计，则每百元，每月须折息六角，合月息六厘，最高为七毫五，或每百元每月折息二元二角五分，合月利二分二厘五毫，大抵毫息较是月每千元折息扯加四元以上。或照每日折息增一分五厘左右，即所谓赚头也。（二）长放。即长期放款。大多以三个月、六个月为期，规定利率过期仍按日折计算。①

---

① 民国《黄岩县新志》。

（四）商会和行业公会

商会是中国近代最早建立的现代意义上的社会团体之一，同时也是社会影响力最大的社团之一。从法律意义上而言，中国商会制度建立的过程，也是近代意义上商人身份确立的过程，是商人组织有序化的过程。与当时西方的民间商会相比较，它更具官方色彩，更依赖于国家法律的制度催化。这种制度的催化作用成效十分显著，它相当迅速地改造、吸纳了各种形式的传统商人组织，成为具有主体性的利益集团。

近代意义上的中国商会始于晚清戊戌变法时期的倡导，清光绪二十九年（1903年）七月，清政府设商部，大力推行"新政"，鼓励工商，陆续制定和颁布《商会简明章程》《奖励公司章程》（1903年）、《商律》《公司注册试办章程》《商标注册暂拟章程》《奖励华商章程》（1904年）等法规，规定各省、市、县都要设立商会，凡繁盛之区镇也可单独或联合设立分会，各级地方陆续开始成立商会。

南栅庙路桥商会旧碑（路桥区博物馆 提供）

光绪三十年（1904 年），黄岩县奉谕设立"黄岩县商务局"。路桥作为"商业繁盛"之镇，于光绪三十一年（1905 年）组织商人团体，以汤寿潜、刘锦藻为总协理，三十二年（1906 年），路桥始立商会。宣统元年（1909 年）四月，路桥镇商务分会正式登记在案，设址南栅庙，较宣统二年（1910 年）改组的"黄岩县商务会"为早，是台州六县最早成立的商会组织，黄岩县商会与路桥镇商会之间并无隶属关系。1912 年 11 月，在北京召开的全国临时工商会议上，决定成立"中华全国商会联合会"。路桥镇商会作为当时海内外 70 余个创始商会代表之一，参与筹备工作，凸显了路桥商业的地位。后来，在商会下面，又成立了近 40 家分行业的同业公会，对路桥商贸业发展起到了极大的促进和支持作用。

路桥镇商会 1934 年间一度整改，1943 年 11 月间一度改组为路桥区商会，至 1946 年 9 月间奉省社会处令，仍改称路桥镇商会。各商会设置后，惟调处及公断商业之纠纷与发给证明书，便利货物之运输等为商人公共之福利。

路桥商会的主要事务是"调处商业纠纷、查报战后损失、济荒、扩大会员、改选同业公会、创办商业补习夜校、创办商人义警队等"。

路桥商会自成立起，就成为路桥商人共荣共济的组织。1914 年初，北洋政府颁布《商会法》，对各地商会组织进行规范，重新准立注册。黄岩县商会在当时县知事汤赞清的支持下，率先获批，路桥镇商会虽然也递交了详细的申请资料，却迟迟未获批。且县里表示能否批准，还需要研究。消息传到路桥，路桥商人群情激愤，空前团结，推选路桥镇商会会长戴禹度，向全国商会联合会筹备处正式递交书面意见书。路桥商会从商会法理、路桥商会为台州六县首创的历史、路桥独特的地理位置及繁盛的商贸业事实等各个方面进行分析，不惧权贵，据理力争，可谓层层推进，有理有据。最终，路桥商会得以重新注册，并于当年 11 月 12 日作为正式代表参加了中华全国商会联合会成立大会这一民国工商界盛会。

商会下隶同业公会。 1929 年，国民政府公布《工商业同业公会法》，规定在同一地域内工商企业有 7 家以上者可发起组织同业公会。它的职能是交流本行业商情信息、同行议价、调解会员间的业务纠纷、议定同业行规等。抗战胜利的翌年（1946 年），南京政府再次颁行商会组织法，规定每行每业商店满 5 家（银钱业 3 家）以上的必须组织同业公会，再以同业公会资格参加商会组织的称公会会员，以单干商店参加商会组织的称个体会员。其缴纳商会会费的衡量标准，是按照同业公会会员的资本额之总和来计算的，就是说义务和权利成正比例，即资本总和多的同业公会会员在商会法中拥有很大的选举权和被选举权及发言权。路桥商会规定同业公会的会员只向公会纳费，不再向商会纳费，应由同业公会向商会缴纳同业会员费。路桥同业公会有档可查的有 50 多个：南北货、百货、水果、糖、酒、烟、酱、山货、油、肉、咸鲜、饴糖、菜馆、粮食、茶叶、棉衣、绸布、棉纱、土布、呢绒、鞋、帽草、丝线、纱布、络麻、棉花、木材、席草、针织、估衣、染色、汽车、轮船、民船、水作、木器、纸、镴器、铁器、铜器、五金电料、煤油、油烛、铜锡器、瓷陶器、板炭、煤炭、图书用品、国药、西药、摄影、税庄、典当、钱庄等。

附：

1. 台州黄岩路桥镇商务分会会长戴禹度意见书

商会之准立与否，应以商务是否繁盛为衡，岂有只准立城，不准立镇之理？

为详请事，前奉宁波总商会函开，公布商会法，窒碍难行，即经函请贵总会挈衔，会禀政事堂农商部，请饬改组原案并批，合亟照录各等因奉此。敝会随即召集会董通告，均以商法窒碍之处，自有贵总会开议，逐条讨论，无俟敝会参赞一词。

然敝会所不揣冒昧，敢请核示者有三问题：①商会宜城宜镇，尚未明定地点。取巧者不论商业之繁盛与否，专恃争执之能力，商界几成仇敌。②商会于前清宣统时，开办有年，接有部准覆文者固为商会。而在民国初立，仍在一县地点者，亦得为商会。行政长官从何取决？③商会有部颁图示，分事所并未提及，想分所有事，须由分会出详，方各程式；一共同区域之商家，亦分等级权限，自食其力，谁肯隶下？既非所重，何以会为？

敝会至商会法公布后，即行改组，妥议章程，备文详县，接到黄岩汤知事批云：城内商会已出详有案，该会所请，惟分事所能否准立，须由详明核夺等语，不胜骇异。

商会若规定立城，不准立镇，敝会故无辞。若专论临近官厅争执之能力，不论商业之繁盛，与夫成立之迟早，敝会亦无辞。

敝会自前清宣统元年闰三月开办有案，迄今已逾六载，较六邑最早，城内不过立在民国初年，何以准定城内商会？敝会为黄温两邑交通要道，舟楫利便，四通八达，每年出货不下四五百万元，商业之盛，倍城区为多，何以城内出详，准为商会，敝处分所，尚未核准，是此县知事，徇情祖详，非为事实上大有不合，且于商法窒碍中更增窒碍也。一处如是，他处可知。

总之，商会之准立与否，需先调查商业之繁盛，自是公道办法，现当联合会开会日期已届，敢请贵总会俯赐公议，转详覆示，只遵施行，实为德便，此详。①

2. 民国时期路桥区商会历史一览表

时间	名称及会址	主要负责人	主要业绩	附注
宣统元年（1909 年）	路桥镇商会（南栅庙）			奉谕组织
1911—1915 年	路桥镇商会	会长：戴禹度	中华全国商会联合会发起单位之一	
1927—1931 年	路桥镇商会（新殿庙）	会长：张献庭、张服先		第二届大会
1934 年	路桥镇商会（新殿庙）	会长：马万登		第三届大会
1936 年	路桥镇商会	主席：马万登；常务委员：蔡兼谷、何宝荣、叶莘候		改选
1938 年	路桥镇商会（新殿庙）	会长：陈文祥		第四届大会
1939 年	路桥镇商会（新殿庙）	主席委员：叶莘候；常务委员：蔡兼谷、何宝荣、林兰亭、郑道生；执行委员 15 人		1939 年 12 月 19 日召开第一次会员大会
1942—1943 年	路桥镇商会（九老社）	主席委员：陈文祥；常务委员：叶厚志、刘雪香、吴伯均、王楚泉		1943 年 8 月 10 日召开镇商会二届会员大会
1943 年	路桥区商会（南栅庙）	理事长：刘治雄；常务理事：陈跃亚、吴春舫；常务监事：张服先	调处商业纠纷、查报战后损失、济荒、扩大会员、改选同业公会	1943 年 12 月 7 日召开第一届区商会会员大会

---

① 《中华全国商会联合会会报》第十二号（1914 年）。

续表

时间	名称及会址	主要负责人	主要业绩	附注
1946 年 6 月	路桥区商会（南栅庙）	理事长：刘治雄；常务理事：陈跃亚、吴春舫；常务监事：戴华；秘书：王才俊	创办商业补习夜校、创办商人义警队、组织西药	1946 年 6 月 15 日改选
1946 年 9 月	路桥镇商会			奉令改称

注：引自民国《黄岩县志》。

3. 1946 年前路桥区成立的各类同业公会

商会名称	成立时间	所在地	职员数	会员数	
				团体	个人
路桥镇绸布业同业公会	1931.11.14	路桥三桥庙	9	26	47
路桥镇油业同业公会	1939.8.15	路桥九老社	4	7	7
路桥镇酒酱业同业公会	1939.8.16	路桥三桥庙	6	22	45
路桥镇粮食业同业公会	1939.11.20	路桥九老社	6	51	80
路桥镇百货业同业公会	1939.11.20	路桥三桥庙	9	12	16
路桥镇袜业同业公会	1939.11.20	路桥九老社	4	4	4
路桥镇竹木业同业公会	1939.11.21	路桥义济社	9	11	22
路桥镇水果业同业公会	1939.11.28	路桥九老社	4	7	7
路桥镇屠宰业同业公会	1939.12.1	路桥九老社	4	9	14
路桥镇木器业同业公会	1939.12.2	路桥九老社	4	6	6
路桥镇鞋业同业公会	1939.12.2	路桥九老社	4	6	9
路桥镇铁业同业公会	1939.12.4	路桥九老社	9	20	23
路桥镇棉花业同业公会	1939.12.10	路桥九老社	6	7	10
路桥镇糖业同业公会	1940.1.18	路桥九老社	6	10	11
路桥南北货业同业公会	1940.7.24	路桥九老社	12	17	30
路桥镇丝线业同业公会	1940.8.5	路桥九老社	6	3	3

商会名称	成立时间	所在地	职员数	会员数	
				团体	个人
路桥镇菜馆业同业公会	1940.9.15	路桥九老社	6	10	10
路桥镇络麻业同业公会	1940.10.10	路桥三桥庙	4	12	12
路桥镇国药业同业公会	1940.11.15	路桥三桥庙	12	14	37
路桥镇钱业同业公会	1944.1.12	路桥三桥庙	4	5	17
路桥镇糕点业同业公会	1944.1.20	路桥三桥庙	4	7	8
路桥镇咸货业同业公会	1944.1.31	路桥三桥庙	6	10	11
路桥镇估衣业同业公会	1944.2.23	路桥三桥庙	3	8	8
路桥镇卷烟业同业公会	1944.2.28	路桥三桥庙	8	6	10
路桥镇铜锡业同业公会	1945.7.1	路桥南栅庙	4	4	4
金清镇咸鲜业同业公会	1946.5.5	金清镇老街口	6	25	25

注：引自民国《黄岩县志》。

（五）慈善公益

经济的繁荣，带动了路桥慈善与公益事业的发展。民国时期的路桥，不仅有各所宾兴将捐田所收的租谷或利息资助各小学奖金和文官考试、游学川费，还有在年荒米贵时派富户平粜的义仓、收养被遗弃的婴儿的育婴堂，以及救济贫困、施医舍药的济急堂等。现有据可考的学校（书院）就有十余所，不仅有初级小学、完全小学，而且还设有专门的女子小学、职业学校和图书馆。办学的经费来源或者由个人出资，或由捐税补贴，或由宾兴资助，使路桥在浓郁的商业氛围里透出浓浓的文化气息与人文关怀。

据《路桥志略》记载，晚清民国时期，路桥曾建有以下慈善公益组织：

1. 路桥宾兴。同治十年（1871 年），杨晨之父杨友声同里人捐立。石曲李旭东首捐田三十亩，殚心经营，历有添购，共置田三百亩，岁收租谷为乡会试士子旅费。光绪二十八年（1902 年）建祠于关庙之侧，楼屋七楹，平屋二架，置仓储谷，择人轮收。每岁重阳设祭会饮，科举既废，所有出息，分给小学奖金及文官考试、游学川费。（田三百七十五亩五分六厘七毛，租谷七百〇六斗七升，连佃田八亩三分，租谷二十九石九斗一升市，房楼八间。）

路桥宾兴祠旧址（路桥区博物馆 提供）

2. 明文宾兴。咸丰元年（1851 年），杨友声同里人倡立。岁令道人检收字纸，筑炉焚之。陆续置田四十亩，收租息分给会中子弟应试川资。光绪三十四年（1908 年）建祠于岳庙之后，楼屋三楹，后临河水，匾曰"鉴堂"，每年上巳设祭，子弟馂之。

3. 於氏宾兴。道光时，里人於为勉捐田一百亩，岁收租息分给应试者。於氏谱云：为勉无子，娶妾不容于嫡，后至府城见其前妾有子三人，乃捐田于公。今由於氏族人经管，分贴河西小学经费。（则田九十三亩三分二厘七毛，租谷一百八十四石七斗五升，连佃田一亩九分三厘二毛，租谷六石六斗。）

4. 石曲宾兴（一名兴文会）。同治十一年（1872年）里人蔡鲁封、季馨一等捐设，有田八十余亩，以为本地士子乡会试路费。今改充敦本小学经费。（则田八十亩三分七厘，租谷一百四十七石九斗七升，连佃田四亩六分，租谷十二石一斗八升，存银四十两。）

5. 白枫宾兴。道光初里人许鼎成、叶绍书等捐设，分给本地士子乡会试旅费。八年七月潘布、叶向葵等创造文昌阁，以祀文昌并建廒贮谷。（则田一百三十七亩八分五厘，租谷二百七十五石七斗一升，连佃田二十四亩四分二厘九毛，租谷六十四石七斗七升。）近改充文明小学经费。

6. 义仓。光绪十五年（1889年）五保分设，后为经董侵蚀，年荒米贵，仍派富户平粜。惟邮亭尚存，三桥、河西犹有残余。

7. 义济社。在南栅陶家东，光绪十五年（1889年）立，里人以贫民道殣无地掩埋，率钱施槽买地石砑山下，收筑丛冢，旁建堂屋五间，曰"孤魂祠"，清明中元作盂兰会。有田二十六亩，店屋四间，收租给费。（丁岙亦有义冢及祠。则田五亩七分，租谷十一石一斗五升，连佃田二十一亩八分五厘，租谷五十八石九斗八升，市房楼屋四间。）又洪洋有道岙虎山义冢。（则田三亩二分，租谷六石一斗。）

8. 新安水龙会。光绪十九年（1893年）创立。因里多火灾，醵资购水龙，募人习用，以备不虞。后俞姓捐出存款一千元存铺生息，又有柴捐以为修理及水夫之用。

9. 同善堂。在陶家东，光绪三十年（1904年），曹巡检晋泰因旅人养病无所，率钱作室，捐舍药材，以栖止贫病者。方明经来为之记。（则田七亩六分六厘，租谷十五石三斗三升，连佃田三亩三分，租谷九石四斗，存洋一百三十四元。）

10. 恤嫠会。道光间里人以吴孝廉病殁，孀妻乏食，捐谷济之。后乃推及文生之孀妇，岁给米石，或曰吴义捐从其朔也。（则田二十一亩二分四厘，租谷四十一石。）

11. 四仁公所。在陶家东余。以鳏寡孤独贫苦艰难，倡捐则田四十亩，租谷八十石。（民国壬戌，复益以坐方家垾、毛林等处，连佃田三十九亩零五毛，租谷一百二十石，合前所助，共租谷二百石归诸公所，以惠穷黎而承先志云尔。）劝各股户亦各捐田（租谷无收之田后均发还）。每人月给米一斗，定额一百名。（河西三十名，邮亭、三桥、南栅各二十名，河东十名。）谷储所内，与各项公租择人经筦。（则田七十五亩四分八厘，租谷一百四十五石六斗三升，连佃田六十八亩一分七毛，租谷二百零二石七斗五升。）

12. 石曲长生会。道光六年（1826年）设立，里人李旭东、方延祺等捐助田四十亩，以为掩骼埋胔施棺舍葬之用。（则田四十二亩三分三厘，租谷七十八石五斗三升。）

13. 石曲崇文会。道光六年（1826年）里人李益钧、蔡希国等捐立，有田一十三亩，以为收拾字纸雇人费用。（则田四亩七分九厘，租谷九石六斗八升，连佃田九亩五分，租谷二十七石五斗。）

14. 洪洋茶亭。喜庆元年里人林章强、陈兴涛等创建，原有田三十九亩零，后被住持盗卖，现存二十二亩零。（佃田十九亩五分连佃田三亩四分。）

15. 育婴堂。在石曲塘桥外，1932年创立，里人徐乐尧、张善元等以东南各乡距城辽远，每逢溽暑祁寒，所送婴孩或有道毙，因倡捐设立。经费尚有待于扩充。（连佃田三十五亩六分二厘，税谷九十九石六斗，则田三十三亩二分二厘，租谷四十六石五斗八升，存款一千四百五十元。）

16. 石曲济急堂。1924年里人张善元创立，以救济贫民，施医舍药。

（六）商贸基础设施建设

路桥产业近代化的变革，以航运领风，近代实业一应而起，风气忽开。交通运输业的超前发展是重要的基础建设。通过建设交通，路桥更是占据了连接台州南北的陆路与水路交通的枢纽位置，地位更加突出。黄泽椒公路汽车股份有限公司的创立与黄椒汽船局的设置，大大降低了经济发展中的交易成本和物流成本，为周边商品进出路桥与人员的往来提供了极大的便利。

1. 陆路交通发展

1916 年驻台温工兵第一师师长童保暄，奉令修筑黄岩经路桥至泽国公路，为浙江省最早动工修筑的三公路段之一。不久因调防而停止。

1922 年 6 月，孙中山发表兵工计划宣言，号召多余军兵筑路。浙闽干线第二工区负责建筑关岭（新昌县、天台县交界处）至双旗岗（温岭县、乐清县交界处）段公路，投入兵工 2 个团，筑成天台县城至白鹤殿 10 千米和黄岩经路桥至泽国 20 千米的路面。为台州地区最早筑成的两段公路。

1929 年修筑路桥至海门公路，长 13 千米。

1930 年 10 月，徐聘耕、黄慎五等筹备黄泽椒公路汽车股份有限公司。1932 年 1 月，黄泽椒公路汽车股份有限公司成立，设在新殿巷东，总车站在三桥外青泗洋。后迁至杨同仁当店内（永跃电影院东侧）办公。公司最高权力机构为董事会，董事长徐聘耕，经理方慕士，下设营业、会计、总务三课，共有管理人员 20 人。第一批 3 辆车是美国进口的雪佛兰汽车，由海运进入海门港。公司先后购入汽车 13 辆，均为进口车，其中客车 10 辆、货车 1 辆、小客 2 辆。

1932 年 4 月，路椒公路筑成。5 月，路桥至海门通车，有 3 辆雪佛兰汽车参与营运，是台州第一次汽车客运。

1933 年 9 月，黄（岩）泽（国）公路筑成，10 月通车。设站点 12 个（其中黄岩、路桥、椒江、泽国自设站），安排 11 个班次。车辆增至 13 辆，还安装了专线行车电话。路桥车站是全县交通管理机构，有总站之称。

1936 年 1 月，临海至温州港头公路客运通车，经过路桥。

黄泽椒公路汽车股份有限公司证章（路桥区博物馆 提供）

2. 水路交通发展

1930 年 3 月，路桥黄百诚创办黄椒汽船局，置"黄椒号"汽船，往返温岭、泽国、路桥，为温黄两县第一艘内河客轮。

内河汽船公司在南栅竹场，有小汽船 4 艘，往来温岭、松门、大溪、金清、黄岩、海门各处。

路桥自古以来依托南官河水系交通便利，发展商贸。至民国之时，形成了前店后埠的商业建筑格局和丰富的商埠文化。较大的船埠共有七处：第一处在下洋殿，专门用来下粮船，是路桥大粮商俞成模所建；第二处在河西，是河西人集资所建，专门用于运桶料；第三处在三水泾口，由路桥"小商品王"王蒙升出资所建，专门用于往来小商品及客轮；第四处在卖芝桥，专门用来运输商品猪；第五处是郏家船埠，专门用于客船停靠与运输丝棉等纺织原料，是郏家大棉商出资所建；第六处在下里桥，是陈德利木材行出资所建，专门用于上下木材；第七处在石曲塘桥，凡卖南北货的船只全在那儿上下卸货。

快船埠头（陈建国 摄）

3. 邮电电力设施建设

（1）电厂

1931年3月，潞沂电灯股份有限公司在长街老元丰和栈房处创办，发起人为王雅亭、吴春舫、张服先等20人。电厂发电机引擎是新冷水柴油引擎，配发电机一台。电线木杆一百支，输电线用镀锌铜线二千丈。供电方式为交流电220伏，但供电时间只限于上半夜。抗战之时，油价飞涨，电厂受战事影响，于1940年12月歇业，路桥镇直到新中国成立后才恢复用电。

路桥电灯公司广告（路桥区博物馆 提供）

（2）邮政

光绪二十八年（1902年）十月，路桥设立邮政代办所，由海门分设代办所于本街，由五源丰商号承办。官办海门邮局辖黄岩、路桥邮政代办所。

1912年12月，建立路桥邮局，地址在松友桥西，为二等乙级局。

（3）电报

1930年10月设立电报收发处，地址在廿五间，由商人吴光国承办，其电报由黄岩县电报局转。1934年6月，改为代办处，外来电报可以直达。1936年，电报业务种类有官军、局务、公益、私务、特种5种。特种电报又分：紧急、专送分送、邮转电报。1940年3月，设立路桥电报局，1943年新增电报业务交际、特约减价、书信、国内夜信、国内简便等20余种。

横街邮电局旧址（路桥区博物馆 提供）

（4）电话

1931年3月，架通黄岩至路桥、路桥至泽国、路桥至海门乡村电话线后，于10月在新殿巷东头设立路桥电话代办处，由商会集股设立，以乡村支线名义接办路黄、路椒二处；其时，尚有泽国乡村电话支线局分设路桥。11月，成立路桥长途电话局。市话分8类：普通、合用、公用、自用小交换机、专线、区外、警铃（报警电话）、标准钟。1938年，增设同线电话、电话副机及附件（听筒、分铃、插头）、互通机、码头电话4种；市话按用户性质分4种：甲种住宅，乙种商店、工厂、医院，丙种银行、钱庄、旅社，丁种机关团体。1948年，路桥支局交换机五座席、八十应闸口。

民国初期电话机大部分是壁挂机。长途电话种类有军政、私务寻常、公务业务等3种。1931年，直接与总局或经转局及其他各局通话时间，限定每昼夜1小时。抗日战争开始后，增加防空电话。1944

年，增夜间、特急、特快业务。

（七）抗战时期海门商业南迁

1937年7月全面抗日战争爆发，中国沿海的主要通商口岸相继陷落。8月25日，日军宣布封锁中国沿海港口，北自秦皇岛，南迄北海口。淞沪会战爆发后，上海大量台州籍商人撤至海门，带动了海门（椒江）和路桥商贸的异常繁忙。但随着战火燃到浙东沿海，黄岩和海门港因为其行政和战略地位屡遭日军飞机轰炸和军舰封锁，海门港被迫关闭，日军进而占据海门达半月之久。在此期间，大量商业机构迁至相对安全的路桥，金清港也代替部分海门港的作用，承担战时运输商贸物资的功能。海门商业南迁路桥，客观上促进了民国路桥商贸业的进一步繁荣。

四、改革开放后的复兴时期

中华人民共和国成立以后实行的高度集中的计划经济体制，对路桥的商贸经济活力产生了一定的影响。党的十一届三中全会以后，路桥人乘着改革开放的春风，开辟了民营经济发展的先河。他们敢为天下先，办市场、兴工业、搞金融、助事业，铺就了路桥民营经济发展的底色。1994年8月，台州撤地设市，路桥升级为县级区。路桥持续调整产业结构，提升民营经济实力，在金融和市场流通领域的改革突破不断向前，取得了巨大的进步。

（一）传统商贸的萌芽与复苏（至1982年）

路桥的发展是路桥人闯出来的。路桥人在长期的发展历程中，凭着坚韧的性格，做别人不愿意做的事情，做别人不敢做的事情，逐渐形成了面对现实、自强不息、敢闯敢做的精神。在高度集中的计划经济年代，路桥人民向自然要田地，围堤筑塘，互助合作，增加粮食生产。"忙时务农、闲时从商"，路桥人依靠便捷的水陆交通，使日用小商品交易一直得以延续。

露水市场（路桥区博物馆 提供）

路桥是浙江省小商品市场的发源地。改革开放初期，路桥人创立了一种叫作"露水市场"的交易形式。一般是早上四五点钟，天刚蒙蒙亮，人们便从四面八方云集老街进行交易，七八点钟就收摊回家，如同太阳下的露水一般。在路桥剧院路，人们搭起了简易的棚架，农民将自产的短裤、衬衫、鞋、帽和小刀、纽扣等小商品成打成捆地拿出来卖。农民自发形成的"露水市场"，规模迅速扩大，并由零售发展为批发，这就是路桥小商品批发市场的雏形。

1971年，时年25岁的青年张小叔和几个年轻人聚集在一起，决心通过创业来改变自己的命运。24位先行者以"打硬股"的形式，集资2250元，在卷桥靖海庙创办了一家生产卫生香的作坊式加工厂，成为中国民营经济的发端之一。1972年挂靠卷桥公社工办，戴上了社办企业的"红帽子"。这家加工厂后来发展成为全国最大的纺织器材专业厂家之一——中国三友控股集团。他们的创业冲动和干劲，点燃了台州民营经济的燎原之火，走出了中国民营经济的发展之路，成为一段推动中国改革发展的历史。

改革开放初期，路桥以集体名义合股办厂的股份合作企业在路桥、新桥、金清迅速发展，1984 年，光石曲乡就有 30 多家这类企业。

（二）"粗放"管理模式下的遍地开花（1982—1992 年）

改革开放初期，路桥的民营经济快速发展，在经济领域的各个方面也取得了很大的成就。主要表现在三个方面：

首先，以村集体为投资主体的各类专业批发市场迅速涌现。以永跃村小商品市场建设为标志，路桥商贸正式全面回归。

1982 年 2 月，永跃村投资 4 万元，圈地 4360 平方米，建成简易小商品市场，这就是浙江省最早的专业批发市场，当年成交额 565 万元，收回摊位租金 5.54 万元，取得良好的市场效益。1983 年又扩建 2000 平方米，将摊位数增加到 920 个，路桥小商品市场以低廉的价格吸引全国各地的客商前来采购，义乌在筹建小商品市场的过程中也前来参观学习。路桥镇的永跃村利用废河塘、弃耕地建成了台州也是浙江全省第一个小商品批发市场。1982 年 6 月 4 日，路桥小商品批发市场建成营业，开浙江省商品市场的先河。路桥小商品市场带动周边地区的手工业发展，并迅速出现了一批大型、专业的批发市场。路桥从传统农业社会的集市，一跃成长为商业繁忙的城镇。随后路桥竹木市场、副食品市场等专业批发市场一个接一个出现。20 世纪 80 年代末，国家实施发展市场经济的方针，路桥人又抓住了这次市场发展机遇，创建大型的专业批发市场。路桥旧钢铁市场、建筑五金市场、机电五金市场、旧机械设备市场初具规模，城区市场发展到 23 个，商品辐射全国 20 多个省份。1991 年 10 月，江泽民总书记视察路桥，对路桥市场的建立和发展给予充分的肯定，路桥专业市场发展再度迎来一个发展高峰。

路桥小商品市场旧影（路桥区博物馆 提供）

其次，是以股份制为特色的民营企业蓬勃发展。

1984 年，浙江省乡镇企业局和《浙江日报》共同举办"浙江省乡镇企业百名优秀厂长、百名办厂能人"大会，黄岩县出席的 2 名优秀厂长（张小叔、陈福增）、2 名办厂能人（吴前刃、管彦达）全部来自今路桥区。1988 年，浙江节日灯总厂被国家轻工业部评为全国轻工业产品创汇先进企业，浙江三友集团公司成为国家二级企业。

为进一步明晰民营企业的性质、地位，为民营企业发展扫清障碍，1986 年 10 月 23 日，中共黄岩县委、黄岩县人民政府出台了《关于合股企业的若干政策意见》，掀起了一场关于企业组织形式和经济形式创新改革的浪潮。这是全国第一个由地方党委、政府正式颁布的推行股份合作制的"红头文件"。在文件的出台过程中，其重要的调研数据来自集资企业发展迅猛的石曲乡。此后，民营经济从政策上正式成为社会主义市场经济体系的重要组成部分，"打硬股""戴红帽子"也就此成为历史名词。

再次，民营金融行业由单一功能向综合服务发展，并表现出强劲活力。

20 世纪 80 年代末以来，路桥萌生了在产权结构、运作方式等各方面都明显区别于国有银行的民营金融机构，它们在政府管制与国有金融垄断优势的双重挤压下艰难成长，却日益显示出强劲的发展势头，发挥着独特的作用。随着国家金融体制改革的不断深入，自身定位明确、以服务中小企业为宗旨的民营金融机构正焕发出前所未有的活力。

1988 年 6 月，由中国银行业监督管理委员会批准，陈小军等人合伙创办路桥银座金融服务社，成为改革开放以来国内第一批民营金融机构。2002 年 3 月，组建台州商业银行。2010 年改名为台州银行。

1993 年 6 月 28 日，王钧等人组建的泰隆城市信用社成立，2006 年 8 月，改为浙江泰隆商业银行。

2005 年，路桥区农村信用联社改制为路桥农村合作银行，是台州市首家农村合作银行。2017 年，路桥农村合作银行改制为路桥农商银行。

路桥银座金融服务站旧影（台州银行前身）（路桥区博物馆 提供）

（三）政府规划引导下的现代化商贸建设（1992 年至今）

1985 年开始，黄岩市编制首轮总体规划。1990 年的总体规划和各专项规划的编制和实施，引领路桥的商贸向规范化、现代化方向突飞猛进。1994 年 8 月 22 日，国务院以国函〔1994〕86 号文件批复浙江省人民政府，同意撤销台州地区，设立地级台州市，下设椒江区、黄岩区和路桥区。路桥区下辖八镇两乡，区人民政府驻路桥镇卖芝桥路。11 月 29 日，路桥区成立大会在路桥影剧院召开。路桥建制的重大变化，由镇变区使年轻的路桥以实力跻身全国区县百强，为路桥经济的发展再创条件。

1. 规范繁荣的特色市场

随着社会主义市场经济理论地位的正式确立，按照社会主义市场经济理论，路桥加快计划经济体制改革，全面放开商品价格和企业经营。以 1992 年中国日用品商城动工建设为标志，路桥市场迈出了从传统意义上的专业市场向现代化专业市场转变的关键一步。在政府的统一规划引导下，路桥市场分为三个区块布局，即东市场区块、西市场区块和新城商贸区。东市场区块以生产资料市场为主，西市场区块以生活资料市场为主，新城商贸区是集会展、市场、休闲购物、商务办公、星级酒店、文化娱乐于一体的多功能商贸区。

中国日用品商城旧影（路桥区博物馆 提供）

1994 年 1 月，占地 120 亩、总投资 1.2 亿元的中国日用品商城建成开业。路桥不仅形成了以日用品商城为龙头、以小商品批发市场和浙东南副食品批发市场为主体的生活消费品市场群，还形成了以钢铁市场、非金属市场、机电五金市场、机械设备市场为主体的生产资料市场群，年成交额逾100亿元，成为全国闻名的商贸集镇。1995年，全区在工商部门登记的各类市场有66家。2009年，全区登记注册的各类市场有76家。2014年底，登记注册的各类市场有83家。经过合并和淘汰，截至2023年底，路桥仍有各类市场60家。

改革开放后，路桥市场主要经历了六个发展阶段：

第一阶段（1978—1981年）：恢复传统的农贸市场，开放废旧钢铁、木材、小商品集市交易，平整场地，搭建棚屋，改变日晒雨淋的露天市场、马路市场形象；

第二阶段（1982—1990年）：创建骨干市场，掀起市场建设的第一次高潮，建成路桥小商品批发市场，并二易其址，三次扩建，把原来分散在大街小巷的小商品摊贩集中到市场经营，形成批零兼营的专业化市场；

第三阶段（1991—1994年）：形成批发市场群体，以投资1.2亿元兴建中国日用品商城为标志，路桥市场建设进入了一个空前规模的大发展时期；

第四阶段（1995—2005年）：各类市场全面发展。建设大市场，搞活大流通，建设现代商贸城，提高市场档次，形成了以中国日用品商城为龙头，以路桥小商品批发市场、路桥建筑装饰城、台州机电五金城、路桥钢材市场、台州市电子电器市场、浙江方林汽车城、浙东南副食品批发市场为骨干的市场群体；

第五阶段（2006年至2015年）：以投资5亿元的台州电子数码城开业为标志，路桥市场从传统意义上的专业市场向现代化专业市场转变迈出了一步，新建台州汽配城、台州国际塑料城等项目，以建立市场区块为标志，整合市场资源，发挥集聚效应，加快了现代商贸城建设步伐。

第六阶段（2016年至今）：以中国日用品新商城、中盛城市广场转型升级和浙江方林二手车市场崛起为标志，进入了集贸市场、专业市场、现代市场和网络市场共同发挥配置资源决定性作用的阶段。新建台州财富儿童用品博览城暨财富商贸城、台州居然之家家居建材广场，以台州商贸园区、台州市物流园区建设为重点，现代服务业集聚区初步形成，大力推动功能布局专业化、硬件设施现代化、产业集群特色化、业态模式高级化、服务制造一体化。

附：路桥部分主要市场介绍

1.路桥中国日用品商城

路桥中国日用品商城成立于1994年，原址新安西街88号，经营面积约11万平方米。2013年，商城围绕路桥区委区政府打造"新型现代商贸城"的战略部署，启动整体搬迁计划，并于2016年9月28日整体成功搬迁至路桥财富大道999号，开启了传统商贸市场的转型升级之路。新商城总投资21亿元，市场总建筑面积近50万平方米，共有实体商铺4500间，入驻各类经营户2500多家，从业人员13500多人，摊位出租率96.67%。市场日均人流量保持在4万—5万人次，旺季日人流量达20万人次。2023年该市场成交额达108.5亿元。历经29年的市场淬炼，商城已形成了集服饰批零展示、品牌加盟及孵化、电子商务、仓储物流、娱乐休闲、现代金融、公共服务等多重功能于一体的新一代城市综合体。先后获得浙江省重点市场、浙江省四星级文明规范市场、浙江省服务业重点企业、中国产业引领型市场30强、全国诚信经营示范市场、全国标准化示范市场、国家级知识产权保护规范化市场等近 200 项荣誉。

2. 路桥小商品批发市场

路桥小商品批发市场初建于 1982 年 2 月，是全国最早的小商品批发市场之一，是浙江省小商品批发市场的发源地，在国内外具有一定的知名度。市场在过去的 40 多年里，多次被评为省、地、市"文明集贸市场""浙江省三星级文明规范市场""浙江省百强市场"等，并带动了台州市场群落的形成，促进了台州第三产业的迅速发展，为台州的经济发展作出了不可估量的贡献。路桥小商品批发市场曾多次改扩建。2013 年 6 月，在毗邻老交易区南面扩建的新交易区正式投入营业。新交易区占地 28.35 亩，总建筑面积 82617 平方米，总投资约为 12 亿元，其中地上五层，地下二层，配有自动扶梯、客货两用电梯共 26 台、闭路电视监控、中央空调、800 多个停车位等齐全的服务配套设施，使市场的管理、设施、规模上了一个新的台阶。新交易区主要经营服装辅料、生活日用百货、小家电、珠宝、玉器、钟表、十字绣、玩具、工艺品、袜类、箱包等商品。同时，为了改变老市场西区的安全隐患和设施陈旧、配套不足等问题，投资 9100 万元对市场西区进行了大规模的改造。目前小商品批发市场拥有摊位 2490 个，经营户 2100 家，从业人员 6300 人，2023 年市场成交额 21.68 亿元。

3. 台州国际再生金属交易中心

台州国际再生金属交易中心成立于 2023 年 4 月，依托再生金属产业传统优势，充分挖掘并整合上下游产业链，全面释放再生金属产业基地产能，加快推动产业链、供应链升级，全力打造金属再生产业"千亿交易平台、千亿产业集群"。

台州国际再生金属有限公司上线的再生金属交易平台是我国国内第一家综合性再生金属交易平台，平台以数字技术为支撑，为国内外从事再生金属交易的企业提供标准化交易服务，通过线上交易、物流监督、金融服务、标准化检测和价格指数等功能，旨在为企业解决供需双方信息不对称问题，帮助再生金属企业建立国内回收渠道，打通国外原料进口渠道。平台以数字化创新强链补链，助力企业转型升级、提质增效。

4. 浙江方林汽车城

浙江方林汽车城成立于 2002 年，总建筑面积 5 万平方米，营业面积 4 万平方米，总投资 1.8 亿元，内设 6 家进口汽车专卖店、11 家 4S 汽车专卖店、33 家综合汽车专卖店、特色综合汽车展示厅。市场依托路桥商贸中心的地位，成为浙江省四星级文明规范市场和台州市重点市场，并于 2013 年荣获浙江省现代服务业集聚示范区称号，为路桥区的商品零售指标贡献了一定的力量，促进了台州乃至浙东南汽车市场的发展，带动了路桥及周边相关产业，多年来，市场相继引进

浙江方林汽车城

了奥地利外资企业台州保时捷中心、上市公司大连中升集团路桥奥迪等4S店入驻，成为台州精品汽车4S的窗口；近年来，相继引进了特斯拉、小鹏汽车等16个新能源品牌，成为台州新能源汽车的窗口；2021年入选浙江省工业旅游示范基地；2020年市场成功创建省"五化"市场。2021年市场延续认定为"浙江省四星级文明规范市场"。2023年市场成交额再创新高，达107.28亿元，连续3年超百亿。

5. 浙江方林二手车市场

浙江方林二手车市场有限公司前身为台州市路桥旧机动车交易中心，2009年7月1日迁至浙江台州市路桥区路院路1号，2009年7月8日正式开业并更名为浙江方林二手车市场，至今已有12年历程，总面积170亩，营业面积10万平方米，总投资3.6亿元，内置豪华二手车交易区、中高档二手车交易区、城市展厅等7个功能区，拥有230余家独立的二手车经纪公司，库存车辆4000余台，是一个集二手车交易、二手车进出口、二手车互联共融、二手车过户、车辆转籍、车辆金融保险、检测评估、维修及售后服务、高端二手车展示、二手车文化发展等于一体的二手车产业集群，具备生态化服务体系。2019年获得我国首批二手车进出口资质，目前在全球19个国家和地区均有开展业务，在比利时、日本等国拥有海外仓。2021年浙江方林二手车市场乘用车出口量位居国内第三，出口额位列全国第一，2023年出口台数8817辆，出口金额2亿2384万美元，初步实现国内外贸易双循环新发展格局。浙江方林二手车市场有限公司是中国二手车商会副会长单位，2020年并列国内十大二手车市场之一，是台州市唯一一家浙江省五星级文明规范市场、首家破百亿市场，先后获得"浙江省重点市场""中国商品市场百强单位""中国二手车流通行业领军企业奖""全国5A级诚信示范市场"等荣誉。2023年市场成交额116.9亿元，连续9年超百亿。

6. 台州市机电五金城

台州市路桥机电五金城是一家专业从事机电、五金类产品交易的大型综合性交易市场。始建于 1984 年，不仅是台州最大的五金机电类交易市场，更是浙东南地区规模最大的机电五金市场之一。市场位于路桥区商贸城核心地段，交通便捷。分为两大区域（简称东城和西城），西城于 1999 年 1 月 28 日开业，总占地面积 3.6 万多平方米，建筑面积 4.3 万多平方米，有精品商铺 1000 多间，公寓、仓库 100 多间。经过几十年的不断发展与提升，台州市机电五金城总投资 8 亿多元进行东扩，于 2009 年完成东扩工程土地摘牌和各项规划设计工作，2010 年 2 月 9 日开工，2013 年 1 月 9 日开业。东城总建筑面积 13.5 万平方米，其中地上建筑面积约 10.6 万平方米，地下建筑 2.9 万平方米，拥有商铺 2000 余间，配备大型汽车泊位。台州市机电五金城先后被评为"浙江省二星级文明规范市场""浙江省区域性重点市场""台州市现代服务行业十强企业"等。2023 年市场成交额 15.35 亿元。

7. 台州电子数码城

台州电子数码城成立于 1999 年，前身为台州市电子电器市场，由东森控股集团有限公司投资建设、台州电子数码城有限公司运营，按照省五星级文明规范市场设施标准，2004 年 7 月扩建搬迁，2006 年 7 月投入使用，市场总投资 6 亿元，总建筑面积 11 万平方米，市场营业面积 5 万平方米，3000 多间商铺，1000 余家经营户，5000 多名从业人员，是全国业态新、品类全、规模超大的消费类电子产品主题商场，被评为"浙江省四星级文明规范市场"。2020 年市场成功创建省"五化"市场。市场营业共有 4 层，经营 28 个品类，上万种商品。一层智能家电广场经营厨电、小电器为主；二层通信器材市场经营手机、安防为主；三层电脑市场经营电脑、数码相机、办公设备为主；四层智能家电广场经营空调、冰箱、洗衣机、电视机为主，是国内第一个开创 4C+OFFICE[①] 商业全新营销模式的电子类购物中心。数码城将家电、电脑、通讯、数码产品和现代办公等有机组合，形成综合性消费类电子产品交易中心，全面的经营业态、丰富的资源共享，以市场带动市场，形成循环消费产业链，使市场群效益得到最大化。2023 年市场成交额 7.68 亿元。

8.台州国际塑料城

台州国际塑料城位于中国塑料制品王国、中国专业市场的发源地之一——台州市路桥区，地理位置得天独厚，陆海空三栖交通体系优势明显。项目按照浙江省五星级文明规范市场标准打造，市场建筑面积达 12.1 万平方米，经过两年的建设、招商，于 2009 年 9 月 17 日盛大开业，是中国第五代专业市场的典型代表。

台州国际塑料城

---

① "4C"指的是购物中心主要经营的四大类别产品与服务，包括计算机、通信设备、消费电子产品及相关的文化或内容服务。"+OFFICE"表示购物中心不仅提供商品和服务，还融合了办公空间，可能为企业和个人提供办公场所、共享办公、商务服务等。"4C+OFFICE"模式是一种集购物、商务、办公于一体的全新商业营销模式，旨在满足消费者多元化的需求，并为企业提供综合性的服务平台。

市场共四层，每层 3 万平方米，有 18.9 平方米标准铺位 1400 余个，入驻企业 1000 余家。2012 年，市场被评为"浙江省三星级文明规范市场"，2021 年延续认定并成功创建省"五化"市场。2018 年 6 月，市场与阿里巴巴智慧市场签约对接，线上线下两个渠道共同推动市场的电商化发展，转型升级为多种经营模式并存的新型市场。

9. 路桥钢材市场

路桥钢材市场，始建于 20 世纪 70 年代末，是台州市规模较大的钢材市场，也是路桥区最早建成的专业批零市场。经过 30 多年的发展与建设，市场现迁建于台州市路桥区生产资料市场园区内（路桥区峰江街道八份村），紧邻路泽太一级公路，交通便捷。市场占地 172 亩，营业面积 4.8 万多平方米，拥有 600 多个摊位和商铺、4 幢商务办公楼，配套设施齐全。市场的交易品种由原来的废旧钢材、旧机械设备逐渐转向经营各种规格的新型钢材、有色金属材料，品种繁多，规格齐全，批零兼营，并集机床、切割、模料加工等于一体。市场还配有金融、餐饮、大型停车场等配套设施。

10. 台州居然之家家居建材广场

居然之家台州路桥店坐落于台州市路桥区路北街道银安街 999 号，地处三区中心，毗邻台州绿心、S1 轻轨和内环高速路，交通便利，经营范围辐射全台州市。台州路桥店占地面积约 7 万平方米，共设上下四层独立空间结构，拥有超 800 个停车位的广场停车场和地下停车场，为客户购物提供便捷的停车服务。店内汇聚了家居建材共计 15 个品类、200 余个国内外一线品牌的"超豪华全明星阵容"。2021 年，市场成功创建浙江省"五化"市场，2023 年，市场延续认定为"浙江省三星级文明规范市场"，为广大客户提供优质的购物体验和完善的售后服务，为台州消费者打造出家居建材选购五星级新选择。

11. 浙江东南副食品批发市场

浙江东南副食品批发市场是路桥区最早创办的专业市场之一，始建于 1982 年，前身为路桥炒货市场，现市场由路桥区路桥街道田洋王村于 1993 年投资 3000 万元兴建，位于商贸城台州市路桥区南洋路 37 号，紧靠 104 国道，离台州机场 3 千米，离海门港 13 千米。市场占地面积 3.2 万平方米，建筑面积 2.3 万平方米，是室内封闭式交易市场。市场共三层，其中一楼和二楼南面为交易大厅，二楼北面为仓库，三楼为市场管理办公室。现有经营摊位 420 个，经营业主 370 人，管理人员 56 人，主要经营副食品、干果、日用品、调味品、酒饮五大类商品。经营业主来自台州各县市区及温州、丽水、金华、安徽、湖南、福建等省市，商品销往台州各地和杭州、宁波、舟山、温州，还远销上海、福建等地。市场配套设施齐全，设有停车场 4 个，另有大型仓库、电梯、商品检测办公室、电子监控、电子显示屏、商务 (广告)、广播室、程控电话、金融网点等配套服务设施。2023 年市场成交额 11.02 亿元。

12. 台州市中盛城市广场

台州市中盛城市广场位于台州路桥区，成立于 2006 年，处于繁华的路桥富士路银座街商圈，紧邻历史上商贾汇聚的南官河，与路桥传承百年的古街——十里长街隔岸对望。2012 年中盛城市广场总投资 19.5 亿元扩建改造，总面积 22 万平方米，2016 年新市场开业，促进"购物"与"体验"相融合，将城市商业由单一的购物功能向城市多元娱乐目的转化。市场 2017 年被评为"浙江省四星级文明规范市场"，2023 年延续认定。2020 年成功创建省"五化"市场。中盛城市广场主力百货店为 3.5 万平方米，地上步行街 3.9 万平方米，地下购物中心 3.7 万平方米，中心下沉式广场 4400 平方米，建有地下停车位 1500 余个。市场分为 4 种主要的商业形态，分别为：滨河景观餐饮街，主要业态为咖啡甜品、休闲餐饮、主题精品餐饮、高端品牌旗舰；精品立体步行街，主要业态为咖啡甜品、中西快餐、黄金珠宝首饰、服饰集成店、服饰专卖店、美容美发、生活配套、婴童护理、儿童早教等；主力百货，主要业态为轻奢服装配饰、一二线化妆品、快时尚主力店、男女时尚服饰、男女鞋包、主力餐饮、KTV、影院、运动集成店、儿童体验式游乐园、童装童品等；地下购物中心，城市精品超市、快餐、美食广场、风味小吃、休闲服饰、生活用品等。中盛城市广场 300 多家商户共同打造融休闲、购物、餐饮、娱乐等复合功能为一体的大型城市综合体。2023 年市场成交额 2.31 亿元。

（以上市场图文资料由路桥区市场监督管理局提供）

第三章　商·俗

——路桥传统商贸民俗

"人居其地，习以成性，谓之俗焉。"商贸民俗文化是指在商业交易和贸易活动中形成的一系列传统习惯、礼仪、信仰和价值观。路桥在长期的商贸活动中，产生了丰富多彩且具有鲜明地方特色的商贸民俗文化，成为商贸文化中最有烟火气的部分。

一、商贸节俗

（一）开年节

路桥的新年是从正月初二开始，这一天被称为路桥"开年节"。开年是新的一年开始之意，初一是全民休息的日子，人们都停止了工作，欢欢喜喜过新年，故节庆推迟到初二。从凌晨开始，商家们就陆陆续续举行"接财神"的仪式。在中国南方地区，一般的传统是正月初五接财神，勤劳的路桥人为了先人一步，秉承"开年要早"的思想，"金锣爆竹，牲礼毕陈，以争先为利市，必早迎之"，把接财神的日子定在了正月初二。

这天午夜，路桥街已听得到稀疏的鞭炮声，紧接着鞭炮声越来越密，各商家摆出供桌，点起香烛，桌上放置"魁头蹄"、米糕做的元宝、鱼、肉等供品，供奉财神爷。供桌上除香烛、供品外，还要放一把刀，刀上撮点盐，谐音"现到手"。初二虽然接财神，却基本不开门做生意。初三才是真正的开市之日，到初八，大部分商家都会打开店门。

庙会供桌（陈建国 摄）

（二）元宵节和"白布幔"

路桥的元宵灯会自古就远近闻名，以张灯、观灯、猜谜等为主要活动内容。每到元宵节，十里长街张灯结彩，装扮一新。路桥竹枝词曾唱："佳节元宵日乍斜，路桥十里起红霞。上幔白布三千丈，下挂彩灯十万家。"可推知路桥传统灯会的巨大规模。

民间挂灯一般在正月十三、十四两日开始，到二十夜里结束，共热闹五昼夜，街上比三八路桥市还要拥挤，人山人海。竹枝词云："阿娘吩咐女儿听，街头看灯要小心。热闹场中多撞浪，须防脚肚撞乌青。"

元宵节人流汇聚，带来了无数商业契机，除各店铺生意兴隆外，元宵灯会还成为各商家的黄金广告展示方式，许多厂商把各家商品创意制成花灯，争奇斗艳。元宵节最具路桥特色的装饰就是"白布幔"。晚清民国时期，路桥是著名的拷绢土布生产销售中心。元宵节前，各大布庄都免费拿出自家的布匹，利用十里长街的直窄特点，在两边屋檐拉起长布展示，布面与屋檐相平。据说从邮亭起一直鞔到磨石桥，遮住天空，成为超长的"天幕"，幔布与其下的彩灯交相辉映，产生了出乎意料的幻彩效果，人行街上，如入幻境。元宵过后，这些布庄收回幔布，廉价出售或者施舍给穷人，体现了路桥商人义利兼容的思想。

（三）庙会

庙会又称"庙市"或"节场"，是汉族民间宗教及岁时风俗，也是我国集市贸易形式之一。其形成与发展和庙宇的宗教活动有关，因其在寺庙的节日或规定的日期举行，多设在庙内及其附近，故名。它是以某个庙宇为固定的祭祀地点、以庆祝庙宇神灵生辰为主要祭祀内容的群众性集会活动。除祭祀外，还有盛大的迎神赛会活动。抬神出巡、迎神赛会后，就要演社戏，有神庙的在庙台上演，也有临时搭草台演出的。路桥传统庙会中比较有名的是东岳庙庙会、螺洋庙会和白枫峤庙会。其中白枫峤庙会迄今已有650多年历史。庙会主要在正月初八陈大元帅（元末对抗方国珍的白枫峤乡绅陈恢）生辰节庆期间举行，多以展示当地风情与曲艺、戏曲为主，同时售卖各色小吃、各种小商品和开展大量游乐项目。

白枫岙庙会（路桥区博物馆 提供）

清代温岭学者戚学标写有《路桥观迎赛次黄润川韵》：

告赛闻青岳，连橱聚白枫。仗过三市窄，骑到百神从。
箫鼓何曾断，楼台不计重。春来醒醉眼，老兴未应慵。
百戏桥头聚，千金道上倾。家家烧寿烛，处处搭春棚。
白马金羁络，红裙玉佩鸣。繁华虽已甚，亦共幸升平。

二、商贸习俗

路桥"十里长街"自宋成街以来，历经元、明、清、民国，店铺万家，市井繁华。街上银楼、铜号、药铺、南北货栈、绸缎庄、染坊、当铺等店号招牌相对成趣，茶楼、酒肆、逆旅、饭店、书场等招旗飘扬。每逢三、八集市，商贾云集，千舸争流。商贸的繁荣也促进了独具特色的商贸风俗的形成。

"十里长街"商业贸易中有许多不成文的规矩，世代相传，成为一种风俗习惯而被大多数人遵守，有些甚至成为一种禁忌而被多数人重视。如店里的算盘不可随便拨弄，不要把算盘、账簿坐在屁股底下，店内伙计学徒不可敲击账桌桌面，扫地只可朝里面扫不能朝外扫，要把舌头称为"利市"等。犯忌者特别是学徒和伙计，会受到严厉训斥。

在商贸风俗中，行业秘语的特色比较突出。这是一种同行业人士间用以认同、联系并向行业外人士保密甚至欺骗外行人的表达方式。这种秘语形式主要有两种：一种是"切口"，即把商品名称、术语及种种商业行为都换成隐语暗码，犹如密电码，外人不懂，只有自己人明白；另一种是手语，也叫"袖里吞金"，即双方不用开口，只把双手伸进对方袖里，用手势来表示价码，对方一摸就明白。另外商店中记账，也往往用不常见的数码，也是一种秘语。

路桥行话中，最具特色的是数字，各行有各行的说法，如理发行业将一、二、三、四、五、六、七、八、九、十分别称为"柳、月、汪、执、中、顺、新、张、爱、推"。绸缎店称为"挖、竺、春、罗、语、交、化、分、旭、针"。皮货店称为"士、贝、大、长、人、土、木、别、王、合"，其实是大写的壹、贰、叁、肆、伍、陆、柒、捌、玖、拾的一部分。

卖猪、牛、羊、鸡、鸭等家禽的数字"行话"是：一旀，二钿，三纳，四苏，五闷，六闹，七线，八多，九脚。有时还辅以手语：一是伸小指，二是伸无名指与小指，三是加伸中指，四是加伸食指，五是伸五个手指，六是伸拇指与小指，七是伸食指半弯（形如7字），八是伸拇指与食指，九是伸食指弯成半圆形，十是食指和中指交叉。

树行的"行话"是：一说土，二说亿，三说寸，四说水，五说丁，六说木，七说秀，八说加，九说金，十说钿。

米行：一为子，二为力，三为削，四为类，五为香，六为竹，七为才，八为发，九为丁，十为足。

丝行：一为岳，二为卓，三为南，四为长，五为人，六为龙，七为青，八为豁，九为底。

钱行：一为田，二为伊，三为寸，四为水，五为丁，六为木，七为才，八为戈，九为成。

最难理解的是卖海鲜、水果的"行话"：一根，二东门，三小西，四水门，五北门，六道观，七度细，八街头，九天妃，十九老。它与牛场"行话"一样，让人百思不得其解。

商贸风俗中，招牌或广告的作用历来为人重视，因而也形成了千姿百态的风俗事象，令人拍案叫绝。主要有三种：

第一种是市声，主要有两种。一是各种叫卖声。这些语言往往有腔有调，合辙押韵，把所卖物品的特点、价格都一一道来，十分动听。路桥民谣"三八路桥市，热闹也谁知，前村姑娘卖草帽，后村老妇卖蒲鞋。卖蒲鞋，挨声唤叫十里街"，就形象地描写了市声。二是吹打敲击声，又称为代声。比如货郎担下乡喜欢摇着拨浪鼓，馄饨担习惯敲竹梆。人们一听见这特殊的声响，就知道是哪一行业的小贩来了。

第二种是招牌或匾额。即为了图吉祥，店名里往往有"乾、盛、福、利、祥、丰、泰、仁、益"等吉利的字眼，同时还有"茶、酒、酱、当"等字样，点明了行业性质的内容。讲究的店家还要给招牌字样镀金，俗称"金字招牌"。路桥十里长街老字号林立，著名的有同德医院、裕昌南北货、蔡恒昌南北货店、恒昌杂货店、醇和饭店、杜康源酒店、久华绸缎染坊、苏培源药店、普明织物厂、戴协顺南北货店、刘奚记炒豆店、德大药店、杨泰康药店、萧仁利烟酒店、同德利、回时春药店、茂兴泰布庄、元记糕饼店、萃康酒店……

20 世纪 80 年代十里长街旧影（郑幼莲 摄）

有文人曾经给路桥的部分老字号编了一首诗：

顺裕兴隆瑞永昌，元亨万利高丰祥。

泰和茂盛同乾德，谦告公仁协鼎光。

聚惠中通全信义，久恒大美庄安康。

新春正合金生广，润发原洪源福长。

第三种是幌子，又称"望子"，起初专指酒店用布缀于竿头悬挂在店门口招引顾客。后来各类商店都可悬挂。大致可分五类：一是实幌子，卖什么挂什么，如棉花、灯笼、衣服、麻线等；二是模型幌子，用金属、木料仿制原物，比原物大几倍，如首饰店的金簪、银珥和鞋子店的鞋子等；三是包装幌子，酒店挂酒瓶，醋店挂葫芦等；四是效果幌子，突出商品或技艺的效能；五是象征性幌子，比如理发店门口的红、白、蓝三色转灯，浴室、客栈门口的红灯笼等。

商人在经营过程中，形成了一些避免失误赔本的禁忌原则，反映了他们避凶求吉的心理状态，有些禁忌被编成俗语。根据内容的不同，俗语也有几种类型。有说明经营时间重要性的，如"耍正月，玩二月，看子无钱过六月，年年有个烂九月，赚钱莫靠十二月""赔八月，赚腊月"等。有强调运输路程的，如"千里不贩樵""百里不贩青"，前者说的是说远途贩运粗重商品得不偿失，后者说的是尤其蔬菜、水果类需要保鲜的商品更是这样。

另外，做生意对顾客固然要热情，但也要看对象，不能盲目热情。尤其是药店、棺材店的经营者，就忌讳说"再来坐""欢迎再来"之类的话。后来，有人将这些禁忌总结成如下十八句：

生意要勤快，切忌懒惰，懒惰则百事废。

价格要订明，切忌含糊，含糊则争执多。

用度要节俭，切忌奢华，奢华则钱财竭。

赊账要认人，切忌滥出，滥出则血本亏。

货物要面验，切忌滥入，滥入则质价减。

出入要谨慎，切忌潦草，潦草则错误多。

用人要方正，切忌歪邪，歪邪则托体难。

优劣要细分，切忌混淆，混淆则耗用大。

货物要修整，切忌散漫，散漫则查点难。

期限要约定，切忌马虎，马虎则失信用。

买卖要适时，切忌托误，托误则失良机。

钱财要明慎，切忌糊涂，糊涂则弊窦生。

临事要尽责，切忌妄托，妄托则受大害。

账目要稽查，切忌懒怠，懒怠则资本滞。

接纳要谦和，切忌暴躁，暴躁则交易少。

立心要安静，切忌妄动，妄动则误事多。

工作要精细，切忌粗糙，粗糙则出品劣。

说话要规矩，切忌浮躁，浮躁则失事多。

三、三八路桥市

杨晨在《路桥志略》中说："路桥三八为市，石曲五十为市，百货坌集，远通数州。"三八为市的意思是逢农历三或八日为一集市，两市之间相隔五天。每逢集市，四面八方的客商汇聚在路桥做买卖，长街上"居货山积，行人流水，列肆招牌，灿若云锦"。

路桥南北货号广告（路桥区博物馆 提供）

长街虽隔五日为市，实际上几乎天天有市。沿街店铺除了春节，一年四季几无关张之日。三八集市形成"赊销赊购""寄店售货"等经营模式，颇具路桥特色，反映出路桥商人以诚信为基的经商之道。

各集镇以农历日期为固定集市日，有十天三市的，也有十天二市的。大集镇多巨贾老店，小集镇多小本经营，集市上百货具陈，诸业兼营。民间有"县城三六九，一六落下梁，二七洪家场，三八路桥市，四九横街赶葭芷"的顺口溜。集市不仅是经济活动的场所，还是社会文化交流的平台。它不仅提供了商品交换的空间，还促进了信息、文化、习俗等的交流与传播。

民国时期路桥货品有 50 多类，有绸布、棉纱、棉花、土布、粮食、南北货、咸鲜、酒酱、鲜肉、饴糖、水果、国药、西药、食盐、纸烟、烟丝、油脂、油烛、文具、书籍、陶瓷、竹木、铁器、铜器、镴器、袜业、鞋业、纸业、丝线、颜料油漆、土纸（迷信品）、络麻、板炭、染料、草席、山地货、秤店等。服务业有饮食、旅店、典当、钱庄、银楼、理发、照相、钟表等。摊多店少。

当时鱼货因无冰冻储藏设备，除部分以鲜货出售外，多加工腌制，借以长久保存。咸货行经营黄鱼鲞、米鱼鲞、马鲛鲞、鳗鲞、咸带鱼、咸鳓鱼、咸鲳鱼、墨鱼干、炊皮、虾皮、虾米、海参、鲨鱼皮、鱼翅、淡菜、紫菜、海带等。资本小一点的店、摊，卖的咸货也次一等，如腌虾、泥螺、虾狗弹浆、鱼生、白带鲓、杂鱼鲓等。

陶瓷制品绝大部分是日常生活用品，如碗、盆、盏、杯、碟、茶壶、羹匙，还有缸、甏、甌、罐。摆设品有花瓶、塑像等。

本地果品有橘子、枇杷、青梅、杨梅、桃、李、西瓜、梨、甘蔗等，进口的有苹果、香蕉、天津梨等。

入境货物以布匹、纸烟为大宗，次为煤油、面粉、糖类、豆饼，又次为棉纱、五金、纸张、颜料、豆类、火柴、洋烛、机油、肥皂、土丝等。出境货物以草帽、橘果、草席、米为大宗，次为土布、绢、青炭，又次为烛芯、茶、竹笋、麦、板及竹木等。

全面抗战开始后，煤油、化学肥料、豆饼完全绝迹，草帽业亦已停顿，而土布输出数量激增。烟叶、菜油等亦颇多输出。棉花、柏油、茶油、桐油、豆类、松香、土碱等均有大量输入。抗战胜利后渐复旧观，而化学肥料之输入，草帽、烟叶之输出，棉花之输入，则较前不及十之二三。

全面抗战时期，日军封锁港口，黄岩城关、海门商业一度萧条，而路桥却反而发达。民国《黄岩县志》载，1942 年黄岩全县共有商业经营户 7141 户，其中城关、路桥 3784 户，占全县商业总户数的 52.99%；农村 3357 户，占全县商业户的 47.01%。从经营范围大小分，全县有商店 2075 家，占商业总户的 29.06%；摊贩 5066 户，占商业户的 70.94%；其中农村（除城关、路桥外）有坐商 855 家、摊贩 2502 户。路桥镇大街小巷有各种商店 820 家，占全县商店总数的 39.52%；赶市摊贩 2110 户，占全县摊贩总数的 41.65%。集市交易商品有席草、草席、苎麻、土布、棉纱、海鲜、水果、水作、蔬菜、猪、羊、鸡、鸭等。来自县城、海门、温岭及各乡镇的赶市船只约 50 多只，还有来自天台、仙居的长船 2 只。来回于路桥的，有黄岩快船 4 只、温岭街快船 2 只、小河头航船 2 只、金清港快船 2 只、海门快船 2 只；还有路桥四周的船只。

民国时期路桥区市集一览表

街市	农历市期	商店家数	摊租约数	交易物品	市集时到达船只数
罗洋	一、六	20	10	蔬菜、咸货、鱼、肉	路桥来船 1 只
泉井	一、六	24	50	柴米、鱼、肉、蔬菜、咸货	市集日有路桥航船 1、2 只
鼎桥街	一、六	3	8	咸鲓、鱼肉、蔬菜等	市船 1 只
下梁	一、六	9	169	土布、土纱、粮食、咸鲜、蔬菜、肉	本市柴船 2 只
金清西街	一、六	62	100	咸货、鲜货、棉布、粮食、蔬菜	海门、院桥来船各 1 只，葭沚来快慢船各 1 只

续表

街市	农历市期	商店家数	摊租约数	交易物品	市集时到达船只数
凉坑堂	二、七	4	4	蔬菜、鱼、肉	
上山童	二、七	1	2	蔬菜、鱼、肉	
白枫岙	二、七	27	40	六陈、咸货、鱼肉、菜蔬	市集时泽国来摊船1只
四甲	二、七	16	9	米、鱼、肉、咸货	海门来快船2只
南新市	二、七	24	40	粮食、瓦砖、柴、水果、粗布、土纱、鱼、肉、蔬菜	市船10只
洋屿殿	二、九	5	10	丝绢、咸鲜、鱼、肉、蔬菜	市船1只
马铺桥	三、八	5	5	席草、络麻、草席、蔬菜、鱼、肉、柴、米、杂物	路黄快船经过4只
路桥	三、八	820	2110	六陈、席草、菜、麻、土布、棉纱、猪羊、鸭鹅、木器、鱼、肉、蔬菜、水果等	天台、仙居长船2只,洪家、鲍龙、院桥、双河、沙北各乡镇市船约50只
新桥管	三、八	7	70	柴米、鱼、肉、蔬菜、咸货	温岭来柴船一、二只
小五份	三、八	5	15	鱼肉蔬菜	
卷洞桥	三、八	9	16	土布、土纱、粮食、咸鲜、蔬菜、肉	本市柴船3只,缸船1只
上塘角	三、八				
金清后新街	三、八	8	50	咸货、鲜货、棉布、粮食、蔬菜	
上倪殿	四、九	8	20	席草、灯芯、咸货、鱼、肉、柴、米、杂物	来船2只
横街	四、九	25	60	牛、丝绢布、水果、咸鲜、鱼、肉、蔬菜、柴等	市船4只
竿蓬	四、九	13	22	农产物、肉类、鱼、杂货	市船4只
金清东街	四、九	40	70	咸货、鲜货、棉布、粮食、蔬菜	

续表

街市	农历市期	商店家数	摊租约数	交易物品	市集时到达船只数
同屿	五、十	15	70	席草、草席、蔬菜、鱼、肉	殿马乡来柴船 2 只，路黄经过快船 4 只
石曲	五、十	39	120	鱼、肉、虾、鸡鸭、咸货、菜、粮食、柴木	温岭街来航船 2 只，小河头来航船 2 只，金清港来快船 2 只
长浦	五、十	50	70	咸鲜、粮食、鱼、肉、蔬菜等	来船 1 只
杨府庙	五、十	10	30	粮食、瓦砖、柴、水果、粗布、土纱、鱼、肉、蔬菜	
双关庙	五、十	3	8	咸鲜、鱼、肉、蔬菜	市船 1 只

注：根据《黄岩县志》等资料综合整理。

四、行业习俗

（一）牛市习俗[①]

路桥地处温黄平原南官河流域中心，自古为台州粮食生产中心。南宋时，朱熹奏折中言："黄岩县界分阔远，近来出谷最多，一州四县皆所仰给，其余波尚能运以济新昌、嵊县之阙。"台州民谚也说："黄岩熟，六县足；临海熟，自够吃；天台熟，勿及黄岩一餐粥。"牛场、牛市的兴起与稻作生产有密切的关系。在没有农业机械的时代，牛不仅用于耕、犁、耖、耙，还用于戽水、榨油、榨糖、磨粉等农副业，是农村生产的重要动力。由于牛在农业生产中的重要性，古代路桥是不允许随便杀牛的。

---

① 参见陈顺利：《黄岩牛场与牛市》，载《黄岩文史资料》1994 年第 16 期。

横街牛市模拟场景（路桥区博物馆 提供）

最早的路桥牛市据说在凉坑堂（桐屿凉溪）。晚清和民国时期，路桥牛市最有名者为横街牛市，全年营业。另外，在石础也有一个小型牛市。20 世纪 80 年代初，农田机耕兴起，牛市也随之自然消亡了。

1. 横街牛市概述

横街历史悠久。据万历《黄岩县志》记载：坐落在横街境内九郎山北麓的慈德寺始建于唐中和年间。路桥区横街镇的牛市在清乾隆年间已成雏形，发展到民国期间已是闻名全省。横街牛场最火时（即大吉市，每年春耕前后），还在泉井街设立分牛场，因泉井是一六集市日，可以弥补远道（金华、宁波等地）而来，在路上耽搁，赶不上横街四、九集市日的牛户和牛贩。后因当地豪绅争权夺利，曾有一段时间在前洋潘村的沙园宫旁设了分场。

一般牛场占地两三亩，横街前牛场八亩多、后牛场六亩多，是省内最大的牛场之一。这些牛场全年营业，称永久性牛场。石础小牛场在夏后至端午这一段时间开市，称"汰脚市"，大概是牛耕基本结束，可以洗脚上市了。

　　牛场的开市，一般在农历二月初二，也有在正月半的，横街因四、九集市日，故一般在正月十四开市。开市前是牛场主和牛行贩较忙碌和热闹的日子，都要做些馒头、方糕，上盖喜字红印，送给这一天前来赶牛市的客户。同时还要供当地土地，供品是鱼、肉、豆腐、点心。当天晚上还要设"粗八碗"会宴。传说四月初八是牛的生日，这一天养牛户和牛行贩等人要设肉肴到桂树庙等祭祀四宝老爷，四宝老爷是桂树庙张大帝第四子，样子凶神恶煞，被奉为牛神。牛生日这天街市上卖乌饭麻糍，这是一种用乌饭树脑和糯米做成的蓝黑色食品，也可喂牛，据说牛吃了，牛虻就不叮它了。这一天还要在牛栏前挂一把稻草扎成的稻秆刷，据说是牛的蚊帐，可以避蚊子。

　　据《县志略》稿本①，横街牛场的容量是六千头。据横街文化站调查，1945年间，横街牛场成交牛只有五六万头，规模相当庞大。此外，牛还来自温岭、乐清、平阳、瑞安等地。1933年上海新学会社出版的《农业全书》载：我国浙江之温州、处州、台州所产牛堪佳。春耕季节自南而北，南北牛耕季节要差半月至一月，牛场牛市的兴起，就为本地的耕牛调剂和南牛北上找到了广阔的市场。

　　2. 牛市交易

　　每头牛在牛场里的牛市上成交都要付"过堂税"，一条牛收二角税金，后来增到四角，由场主发给税票，税票巴掌大的木板刻就印在红纸上，上署月日和牛数，也有在牛角上涂红漆的。新中国成立后是开发票，名称也改作了手续费和管理费，按每头牛成交额的1.5%收取；如果卖牛者是行贩，工商所还要收8%的商业税。

---

① 未正式出版。

民国晚期，由于牛只成交数多，"过堂税"和"先生钿"（牛行贩佣金）也多，一般为牛价的十分之一。为了争夺利益，曾发生过几次争斗事件。牛行贩的收入是相当可观的。他们创收的方法多种多样，如"双边佣"（赚买卖双方的佣金）、暗收高佣（用压价的方式收买方的高佣）、远途贩卖（从横街市场把牛贩卖到宁波、杭州、萧山、广德、芜湖等地）。牛行贩不仅能左右牛市的价格，而且能影响牛市的兴旺与衰败，更有一番相牛的高超技术。

牛市的出现，是一个地区市场繁荣的标志之一，且有自己的特色。牛市里形成的行话，是人民群众在交易实践过程中所积累的一份宝贵经验和财富。只适用于牛市交易，不适用于其他市场。横街牛市的繁华是当时农耕社会的缩影，对研究农业生产发展及民俗风情等具有重要的参考价值。

牛场牛市的兴起，就为本地的耕牛调剂和南牛北上找到了广阔的市场。所以群众说"有了牛市牛更苦，一年要犁两三季"，即从原来每头牛犁田一二十亩增长到犁三四十亩。"牛过黄土岭眼泪出"，但对稻作生产，农田的精耕细作有很大贡献。

3. 牵牛北上

牛是"开口货"，成交后不即时牵走，就得关栏喂饲料，所以大部分买牛客户都于当天下午牵牛北上，于是就形成了牵牛北上的路铺。路铺供膳宿并有草料出售，宿房钱六角，每头牛"吊椿费"二角。一般一人牵牛四头，慢牛在前压阵。如有牵五头的，四头在前，一头在后。牵牛收入颇高，牵牛四头上萧山，其报酬略等于一头牛钱。新中国成立后甚至有干部上任、大学生上学而牵牛北上的。路铺对老牛贩奉如上宾以招徕生意。也有个别路霸，如牵牛不宿其铺，四十里路面休想牵牛过境。此外，出平湖的牛只可用海轮专放，《稿本》载"年必十三四次，平均每次五百头"。

4. 牛行贩

在牛市当中，活跃着一批作为交易中间媒介的牛行贩，他们一无店铺，二无资金，三无商品，却在买卖双方之间充当介绍人，在成交后提取佣金。牛行贩是构成牛场、牛市的主要成员。早期牛场主、牛行贩一体，后期牛行贩则成为相牛优劣、定牛价格的牛市成员。牛行贩尊之曰"相"，称为"牙郎"或"牛仲"，贬之曰"牛卵子""黑牙纪"。他们熟悉行情，能说会道，比如"上面要看一张皮，下面要看四只蹄""前脚如弓，后脚如箭；前弓后箭，得个好看""三奶六牙头，开门贼勿偷"等。牛行贩有着一套看家本领：一是能识别牛的优劣，讲"七十二嫌贬"；二是熟悉牛市场切口手势；三是懂牛市行情；四是知道一些牛病医疗知识；五是熟悉牛路，能牵牛闯县过府等。据说还有牛书，木板刻印，十六开大小。但大多父以传子，岳父以传婿。牛行贩在牛市上的收入，任何时期都要超过同等劳力的农民，特别是汰脚市。"汰脚一到，猪头纱帽，黄鱼烙烤，汰脚一过，仍旧吃素。"新中国成立后，一度废除"黑牙纪"，由生产队派人作评议员进入牛市，由于"管理过死，限制过严，变相封锁了"。于是平湖告急，"女客人套牛轭落田"。黄岩有些生产队也无牛可使，只得启用老牛贩，远出福建漳州贩牛，并以海船运牛入平湖救急。还有一些牛贩外出搞贩运，凭他们相牛的真本领，居然有人在各省外县受到了表扬。

5. 切字

切字，外地称切口，是行业隐语。有水果切、牛场切、树场切、杭州店切等。牛场切通行江南。

一、乔、戳；二、田、花（排、瓜）；三、纳（略）；四、式、苏；五、扪、批、插；六、火、旱（闹）；七、线、尚（造）；八、忽、寸、都；九、头、脚；十、一戳；十一、乔子；十二、瓜田；

十三、瓜纳；十四、苏斗；十五、瓜扒；十六、早斗；十七、瓜线；十八、寸斗；十九、头定；二十、排字；三十、老叉；四十、老式；五十、老批；六十、火字；七十、造字；八十、老都；九十、老脚；廿二、同田；卅三、同纳；四十四、武苏、同式；五十五、插扪、两马；六十六、同火；七十七、同线；八十八、都寸；九十九、同头、脚头。

以上切字，括号内为谐音。十一、百一、千一同，唯两马是五十五，宋江是卅六为特定数。此外还有手势：

一、伸食指；二、加中指；三、伸中指、无名指、小指；四、加食指；五、伸五指；六、捏拳；七、捏拳出大拇指、小指；八、拇指，食指成八字；九、勾拇指食指如钳状。

6.牙口及其他

牛的老嫩，除外貌外，主要看牙口，另外还看牙的磨损程度。须注意的是，山区牛吃山草，磨损较甚。一般牛贩都会看牛口，新中国成立后有专职人员以别牛龄。牛的牙口依次为：初生犊未开牙称"现口"，然后是"双牙""肆牙""六牙"，到"八牙"称"掺口"。牛九岁，门前牙见横线，十岁横线有方星，十一二岁，见两圆星，十三四岁见四圆星，十五六岁见八圆星，说明牛已老，不可使役了。

过去还有过往牛贩，称为"调牛客"，上门走访，以调换牛只为业。还有以"端牛"（阉牛）为业的端牛"老司"。端牛老司将成年雄牛四蹄缚定，念念有词，用双手捻断牛的输精管而绝育。这种端牛法区别于各地的"椎牛"（椎碎睾丸）和幼雄牛阉割法，使雄牛好使役又保持魁伟的外貌。

（二）理发业习俗

理发业被称为"顶上功夫"，公认为三百六十行的第一行。理发业的祖师爷罗祖，传说曾冒着生命危险为唐朝武则天的"驴头太子"剃毛，替太子剥去驴皮，还其真人面目，从而名满天下。直到20世纪30年代，理发行业每年都还举行隆重的祭祀活动。

理发行业有许多特殊的服务和行话。如婴儿出生一个月要剃"满月头"，行话称"稚红顶"；婴儿一周岁要剃"周岁头"，行话则谓"小红顶"；结婚剃个"光彩头"，行话叫"大红顶"；每逢生日要剃"对日头"，又曰"长寿头"；久病不愈，要请师傅"开光"，称剃掉这个"晦气头"；直到人死以后，还要剃个"终身头"，行话称"角顶"等。凡剃以上特殊的头，都须请师傅上门服务，剃头钱送整数的红包，还要酒席相待。而剃"角顶"这个"终身头"，技术水平要求更高，一般要请名师到场。作业规定只许三刀剃成，称"开山门"，不剃第四刀，否则被认为不吉利。

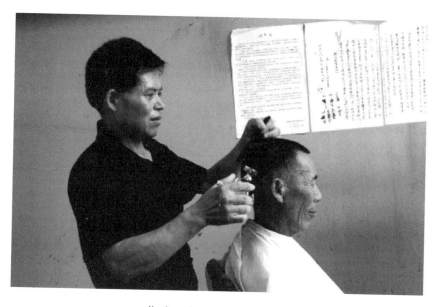

街头理发师（张崇生 摄）

除此以外，理发师习惯用行话在同行和职工中交谈。其中常有：

1. 操作类

剃头——丘山头，烫发——龙卷风，修面——盖盆子，络腮胡子——沙粒子，刮胡子——拉斗功，头发——草草，平头——平草，西装头——西草，小分头——分草，洗头——浆草，和尚头——马路子，小人头——洋生，满月头——细红顶，结婚头——大红顶，生日头——长寿头（寿顶），死人头——角顶，眼睛——照子，看眼病——点照子，鼻头——迎风，揉鼻——杏桃，嘴唇——桃仁，捶背——打拱，挑疹——刀攻，揩头油——生光，女性——潘西，梳头——理草，等等。

2. 工具类

剃刀——亲子，剪刀——苗子，轧剪——介子，牙刷——觅子，头皮梳——磨子，围巾——栏子，毛巾——袖子，脸盆——盘子，掉刀布——领子，木梳——山山，肥皂——方朋，座椅——黄包车，镜子——光亮，等等。

3. 行为类

老客户——老交，赊账——搭搭，动作慢——拖，动作快——推，笨——老呆哥，聪明——巧弟，手艺高——精生，手艺差——牛脚，榜样——罗孙，等等。

（三）路桥典当行业习俗

旧时，路桥街上的典当行业比较兴隆。当铺行里一般有四名大先生。其一是管总账，他是资方代理人，是老板意志的执行者。其二是管包大先生，具体管理当铺里的事务，管总账不在时，由他总负责。其三是旧式典当铺管钱大先生，是当铺里的经济负责人。其四是管饰大先生，专门管理当铺里的金银首饰。当铺里的一切事情，都由四位大先生商量决定。

　　当铺人员全部是男性。吃饭规定六人一桌（叫"乌龟席"），按等级排座位。当铺的规矩十分苛刻：典当时，不能讨价还价；当头可按原当价去赎，但当里要按不同当头收取月息，如18个月（即一年半）不赎者，当铺就没收出售（据说这是全省统一的"行规"），但也可以付息后重新再当18个月，总体上典当的利率规定比高利贷稍轻。

（四）路桥中医药行业习俗 [①]

　　路桥中医行业，在新中国成立前大都是由药店聘请医生坐堂，也有部分医生自己坐诊兼卖药。对急症病人，中医不管日夜都会出诊，诊费由病人自送。很多医生对困难者不但不收诊费，还资助医药费。

　　药价也有一定的标准，与其他行业不同：一是根据上家来定价，二是同行商议，有一定的统一价格，大店比较稳定，小店稍有上下浮动。到药店买药叫"捉药"。药店卖药有一套严格的程序：接到药方后一看是否开具了有毒的药品，分量等是否已写好，有否超标准；二看是"另包"还是"总包"，"另包"大都是治病的汤药，"总包"大都是补药，总之要使每味药认得出、分得清；三是药味要核对，防止漏缺；四是算账要防止错算；五是把价款数字写在药方上面，把药味包数写在药方下边；六是要交代煎法和服法。

　　大的药店有专人分工负责。如新中国成立前的阜大药店，有正副老度（经理账房）、清账（会计）、保管（分北货、广货、草药）、批发、出栈（搬运），并设五刀（五个刀级）、格斗、炊事（供应全年饭菜）。每年招学徒一二人，还需要临时工等共30余人。分工原则

---

① 参见罗河笙主编：《路桥十里长街》，西泠印社出版社，2011年。

根据工龄、职务、技术和能力表现，工资待遇也按职级定高低，没有技术只靠"牌头"吃饭的人一个也难以安插。刀工也有很大区别，在分工上有头刀、二刀等，界线十分分明。头刀负责制作饮片，难度较大：一看刀具捉拾得平伏如何；二看阴药（水渍还原）掌握得适度如何，既不硬心，又不软心；三看片子切得是否平整，亮度和厚薄均匀如何，要求"槟榔切无边，附子白飞上天"。大块茯苓切片要厚薄均匀、平整、碎子少，还要日晒后不卷缩，干湿适度，装箱后不发霉，保证药出汁快、利用率高，节省原药避免浪费。二刀次之，三刀更次，都有一个明确的水平要求。

柜上分工，也很讲究，头柜负责柜上全面工作。招徕生意，接待顾客，进行药帖质量、分量标准、价格标准等监督检查，纠纷处理和零售指导等，如果胜任不了，自己也站不住脚。

货房除保管、进出货物外，还兼配料、制作等工作，质量的好坏与配制的"品德"有关。阜大保管林法斋，在一次贵重丸散配料中，见缺少一味药物，就坚决不配，人家劝他用替代品，他坚持不做这一缺德事，从而受到尊重，在同行中影响很大，也给药店树立了良好的口碑。

大店格斗有专责，有时柜上和学徒兼主要工作：加药，检查是否有霉、蛀、粉子等，进行烘、晒、过筛，还要保持药物的性能和成色，所以饮片是否漂亮与格斗有关。

炮制也是格斗的任务（部分是货房的事）。炮制有严格要求，目的是清除和减低药物毒性，加强疗效，清除杂质，使之符合服用标准。炮，有沙炮；炒，有麸、酒、醋、盐水、米泔、乳汁等；炙，有蜜、水炙等，目的是炙则温中，生则下火。总之，根据医生对病人和方书上的效用而制作。如酒制升提，姜制散寒，盐水制入肾软坚，醋制入肝经并止痛，童便制除劣性而下降，蜜制甘缓难化、增益元阳、除烦。瓜类去瓤，免胀免泻；麻王去节能通透发汗；旋复花用布包，免使茸毛伤；凡子、仁、麦冬敲破易出药汁；等等。这些制作方式都是为了保全药性和药效，使病快愈。所谓"制作如若人不知，好坏全凭一片心"。

学徒进店先拜祖师，后拜先生（认师），学足三年可出师。在学期间不能回家，叫"稳心"。中途因故未满三年，要另拜叫"过堂"。先做劳动的事，侍奉先生，管开关门户，管灯亮，认药认价，空时研药粉、敲子仁、泡杏仁等。帮助格斗捉拾药和烘晒，黄昏有空学做小膏药，还要学"银（银洋真假）、笔（写字）、算（珠算）"和读《汤头歌》《药性赋》《雷公炮制》三本书，在先生指导下学上柜台抓药，这都是需要锻炼的基本功。所谓"不以规矩，不能成方圆"。药业一为医生服务，二为病人性命负责，既讲道德，故称"德业"；又讲良心，故称"良心店"。其与别的行业只要卖得出不管好坏不一样，还要讲同行义气，只要遇到认识的同行从远地来，就要招待一宿两餐。

学徒违反了店规，犯了严重错误出门，叫"粕葫芦"出门，意思是葫芦口堵住了，到处讲不响话，吃饭难。

老度即经理。收账先生，自称"甩长袋"。读书人出身的中医称"儒理方脉"。药店先生出身的中医叫"格斗先生"，未免有贬义。叫人介绍工作叫"讲生意"。卖药行叫"药店官"，因为卖药定价格，正如官方的命令；也称"药店倌"，"倌"是指旧时服杂役的人，如"堂倌"。问在什么地方做伙计，叫"在什么地方发财"。工资称"薪水"又称"薪俸"。学徒三年内给的洗衣剃头钱叫"月支"，工人每年规定的休息时间叫"归期"。问同行，即问"先生"是谁。

（五）学徒习俗

到店铺中学做生意的学徒，大多是十一二至十五六岁的青少年。

他们有的由家长自荐，有的请中间人介绍，也有的喜欢请有一定地位的人作介绍，希望能被老板另眼看待，不吃亏。他们要拜老板为先生，老板娘为师娘，一般要做满三年，才可出师。出师时要办"满师酒"。学徒期间，要早晨开店门，下午关店门，晚上睡在店堂间，有时还要帮老板倒茶端水、抱孩子，甚至倒夜壶、洗尿布，承担繁杂的家务劳动。学徒期间，老板一般只管吃住，没有工资。也有少数能拿到月支。三年学徒期满后，如先生与徒弟双方愿意，可留在店铺当伙计。伙计就相当于现在的职工，工资一般是每月一石米左右。当学徒还有一些生活上的规矩，如吃饭时第一碗要先盛给先生，学徒自己只能站着吃饭。还有学徒"第一碗不吃菜，第二碗不淘汤，第三碗才开荤"的要求。有的店铺吃饭则是先由老板全家及高级职员吃，剩饭剩菜才给伙计、学徒吃。

（六）渔业习俗

新中国成立前，每年古历八月起季的时候，渔民们都将第一次出海捕鱼用过的绳线放在一个盆里，带着猪头、黄鱼鲞、目鱼鲞和鸡，到海神庙中烧香许愿，祈求海神保佑，出海获得丰收。许愿回来以后，渔船所有者把绳线从盆里拿出，放进绳篮，然后摆设酒席，请这一季一起出海捕鱼的伙计喝酒，这俗称"结绳酒"。伙计们喝了头家（老板）这餐"结绳酒"，就算是与头家订下合同了。

出海那天，临出海前，要烧一锅开水，锅里放上银圆，叫作烧"银汤"。渔民们把"银汤"视为净水，先用来淋浇船眼，俗称"开船眼"，再淋船头，然后依次淋船的左右舷、帆、舵和橹。据说船只浇过净水就能去邪取正，大吉大利。净水淋过以后，头家拿出猪头、猪肉和其他酒馔，放在船的"大手"边（左边，俗称帆边）祭神、天公、三官（天官、地官、水官）和财神。祭神的时候，还要烧金箔冥纸。祭过"大手"边以后，又用同样的祭品祭"小手"边（右边，俗称橹边、水仙门口），这时要用一根线，一头通祭品，一头从船边垂到海面，意思是祭祀溺海的野鬼，祛邪保安，祭祀时也要烧金箔冥纸。

在渔船中一般都供奉着一个"天后神位"，即"妈祖"。每天早晚都要焚香祝祷，古历每月初一、十五两天还要设斋饭礼拜。每当出海碰到风浪时，渔民就捧着这个"天后神位"连连祷告，请求庇佑。

到了除夕，渔民们不管出不出海，都要赶到海滩的岙口祭神，俗称"谢年"。谢年要准备猪头、羔羊等五牲和极丰盛的肴馔。所祭祀的神是海神，祭祀仪式极其隆重，海口上鞭炮成天不息，香烟缭绕，纸灰飘飞。祭过海神以后，再将祭品移至"三官庙""天后庙"祭祀，仪式和祭海神相同。祭祀结束，船上的伙计和亲友一同享用祭祀剩下的肴馔，认为吃了这种肴馔大吉大利，可保明年出海安全，喜获丰收。

濒临江河湖海居住的人们，多以捕捞水中生物为业。鱼、虾、蚌、蟹等丰富的水产资源，都是人们捕获的目标和谋生的条件。长期水上作业，使得人们与船、网等捕捞工具结下了不解之缘。围绕着对劳作工具和劳作方式的迷信以及语言和信仰的求吉避凶意识，捕捞业中也存在许许多多的民间禁忌。

捕捞业者崇信龙王、水神、妈祖、河伯等，以为自己捕捞收获的多少与这些神灵有关。神灵会保佑丰收，也会使人劳而无获；能使人们得福，也能使人们遇难。所以要诚心敬奉、祭祀，不敢有半点怠慢或得罪。东南沿海一带又多以妈祖为海上捕捞业的守护神。除了对神灵的敬祀，还有对鬼祟的恐惧。俗谚云："船帮船，水帮水，撑船老大怕水鬼。"如果不慎得罪了水鬼，也是要受其祟害的。

船是捕捞业者的"生命线"。造船时有"头不顶桑，脚不踩槐"

的说法，即造船时船头不用桑木，脚下不用槐板。因为"桑""丧"同音，犯忌讳，所以桑木绝不用在船头上。槐木为福气的象征，故不能踩在脚下。封建迷信忌讳女人走上船头，外人脚不洗净也不得上船头，大约也是以为船头处有神灵，恐被秽气玷污。如果两船并行，忌讳用铁链并同带往。船内忌载死人，俗以为不吉利。忌讳妇女乘船下海，俗话说"妇女乘船船要翻，妇女下海海要荒"。当地渔民还特别忌讳七男一女共乘船出海，认为类似"八仙过海"，惹恼海龙王，会翻船的。

除了渔船，渔民对其他捕捞用具也很敬重。俗以为渔网是不能跨过的，怕秽气冲犯渔具，对捕鱼不利。

捕捞业中的语言禁忌也很突出。船上最忌讳的是"翻、沉、破、住、离、散、倒、火"等字眼。为忌"翻"讳，船上称"幡布"为"抹布"。凡与"翻"字有牵连或者能够引起联想的都在禁忌之列。吃饭的碗、盛菜的盆，都不许口朝下放。连锅盖也因有翻扣的意思而讳避之，不叫锅盖，而叫"捂气"。摘下帽子，也要口朝上放，不能翻扣。船上人都不能翻卷裤脚。煎鱼时忌讳翻鱼，吃鱼时忌讳翻面。为忌"沉"字，连盛饭的"盛"字也禁忌说，必改"盛"为"添"。船老板还忌"破"字，船上使用的碗盘多是木、铁或铝、塑料制品，忌用容易打破的陶瓷制品。为忌"住"字，船上称"箸"为"筷"，并忌讳将筷子架在碗上，俗以为碗犹船、筷犹箸。恐船住（箸）而无生意可做。为忌"离"字，称"梨"为"圆果"。为忌"散"字，称"伞"为"竖笠"。为忌"倒"字，称"倒水"为"清水"，称"倒桅"为"眠桅"。为忌"火"字，禁忌在船头上小便，盖因俗称小便之臭味为"骚"，"骚"与"烧"谐音。除此之外，像"没有""洗""虎""猴""鬼"等不吉或凶厄的字眼都是禁言的。

尤其值得一提的是白底船雇佣习俗。由于白底船生产不是一个人能完成的工作，同时渔民们存在贫富悬殊的情况，所以就出现了雇佣的习俗。

拥有白底船的渔户，以约请的方式，雇佣他人帮忙。这种雇佣不像土地雇佣那么等级分明，而是带有一定自行结合的成分。受到约请的人，是伙计而不是长工和短工。每次雇佣时，头家都要办酒席，请伙计们吃，就算订了合同。

伙计分长伙和短伙两种，长伙在冬钓过后，仍然继续留着参加春钓和夏钓。短伙则只雇佣一个冬钓期，到歇海的时候就自然辞退。

由于渔业生产受海上自然环境的制约，所以海上生产的周期以"风"为单位，即从风静出海到"暴头"（刮大风）入港为"一风"，"一风"之内，不管有什么原因，头家都不得辞退伙计，伙计也不得擅自离去。受雇佣的伙计即使要受官府传讯、服役和新婚刚入洞房，也得先服从出海劳动的安排。所以民间有"官令不如讨海令"的渔谚。

由于雇佣的方式独特，白底船形成了一个和其他渔业生产方式不同的、相沿成习、至今不变的分红原则。它的分红一般以本"风"全部正宗渔货卖给渔行所得的净利为分红基金。头家先从全部分红基金中抽取全部股份的半分红利，然后再将余下的金额按照船三份、绳线一份、前手一份、后手一份、三手一份、驾船一份、走台半份进行分红。因为后手一般由船主本人担任，一般船主又往往备有绳线，所以船主常常在分红中占主要的份额。

除去正宗的渔产，其余副宗副产俗称"私脚"，按人头每人一份平均分配。如冬钓除正宗的带鱼、黄鱼、鳗鱼等以外，鲨鱼、墨鱼及用作鱼饵以后余下的鱼头鱼尾都算"私脚"。夏钓除去鳓鱼、黄鱼之外，其余渔产也都算"私脚"。

（七）农业习俗（开秧门和关秧门）

种稻开秧门是水稻生产中的第一个关节。"小满开秧门，芒种两遍田，夏至种田人上岸边。"这是民间种田季节的俗语。插秧第一天，俗称"开秧门"。拔秧时，所扎秧把，由双手所拔的秧合拢来留个缺口，俗称"秧门"。早早"开秧门"，兆兴旺发达。如果扎秧把无门，俗称"一把头"，则被认为不吉利。旧时，无论是种田大户还是小户，对开秧门都十分重视。这一天象征一年农事的开始，主人家要像办喜事一样，以鱼肉款待插秧人员。开秧门这天早晨，还要吃鲞鱼头，象征种田有想头。鲞鱼放在桌上，要鱼头朝南，兆天晴，会有好运。忌向北，朝北则有雨，不吉利。

开秧门时有几条禁忌，拔第一支秧和插第一支秧时，忌开口，以为开了口，手要伤筋痛，俗称"发秧疯"，手指要出现一个个小洞，俗称"土吃"。插秧时人与人之间不可随便传递秧把，认为传递秧把会使这两个人成为冤家。

甩秧把时，忌甩在插秧人身上，被甩中的人要当面骂一句"驱邪"。插秧插到田横头时，手中的余秧叫"多秧"，不能丢掉，丢掉余秧就是丢掉余粮，余秧要靠岸种在田里。此做法有一定道理，在今后耘田缺株时可作补株之用。第一个插到岸者要先去调田绳，到了田横头不许随便坐下休息，否则"易腰酸"。

新娶来的媳妇，人家往往要跟她比试一下，看她会插不会插、插得快还是慢。第一埭秧插下来，新媳妇手脚快，大家都称赞；如果动作较慢，新媳妇在插第二埭秧时就会自觉地走在后面。如果有人客气让她先走，她就说"不会做人看大妈，不会种田看上埭"，表示向大家学习。

插秧结束那天，俗称"关秧门"。这天插秧一定要在下午三四点钟就完工，如果来不及，也要及早请帮手。"关秧门"这天一定要一切顺利，发现安排不妥，以及天黑尚有一块小田或田中有几埭田来不及插秧，俗称田里"开天窗"，就预兆着不吉利，会一年不如意。

五、商贸民谣、谚语老话

商贸民谣、谚语老话是人民群众在长期商贸活动中积累传承的有价值的观念和教训，包含许多古老的智慧和经验。

（一）商贸民谣

1. 台州稻熟歌

黄岩熟，六县足；

临海熟，自够吃；

天台熟，勿及黄岩一餐粥。

（南宋·台州民谣）

注：南宋时，黄岩县是台州稻谷主产地，境内（今路桥区）处黄岩县中心，是稻谷主产区之一。

2. 黄岩集市日顺口溜

县城三六九，一六下梁梁，二七洪家场；

三八路桥市，四九横街赶葭芷。

（流行于黄岩东南乡，阿土记录）

3. 渔夫谣

天当被，海当床，三寸板内是天堂；

风来叼，浪来撞，三寸板外见阎王。

（金清渔谣，张拾遗采录）

注："三寸板"指船板。过去打鱼人乘的是小木船，小木船经不

住海浪的打击，容易发生船翻人仰的事故。

4. 担鲜

扁担尖尖，小客担鲜；

担鲜担鲜，两脚抛天；

日赚八百，夜赚一千。

（金清、蓬街渔谣，张拾遗采录）

5. 十二月吃鲜

正月梅童二月鲻，三鲳四鳓，五呼六弹，

七月鲨鱼沙磊磊，八月白蟹白肚板，

九月黄鱼箭加箭，十月田蟹呷老酒，

十一月，湖里鲫，十二月带鱼熬菜头吃勿息。

（谢官玉、张日美唱述，阿根整理）

注："呼"即呼鱼，"弹"即弹涂鱼。鲨鱼较大，切成块卖。

6. 船歌

天不落雨地上干，手中无钱到处难。

有田有地种粮菜，无田无地去撑船。

下梁土布殿前绢，金清鱼箭湖头篮。

运到路桥街上卖，卖来钞票满肚裆。

（阿根采编）

注：民国时，洋屿的"殿前绢"（拷绢）、下梁"土布"、金清农民为渔民编织的鱼箭、湖头人编制的箬帽篓和菜篮，都十分有名。大户行贩要搭航船运到路桥街卖，船从金清出发，途经下梁、横街、洋屿，进入路桥街后，撑船人往往唱起船歌，提醒行客快到埠了。

7. 卖水果

小弟家在泽库，吭较生意好做；

走到路桥水果行，撬来水果无数；

一担担到人家头，放开喉咙来招呼：

黄岩蜜橘红冬冬，店头荸荠三根葱，

东魁杨梅水淋淋，小稠枇杷黄金金，

药山刺瓜味道鲜，西瓜要算黄琅甜；

红冬柿出临海，饭熟梨出大田，

桂圆荔枝出福建，山东苹果出烟台，

香蕉出在海南岛，藤梨出在常山县，

文旦高橙出楚门，瓜子出在宁波江北岸。

樱桃好吃圆累累，橄榄好吃两头尖，

葡萄好吃甜咪咪，青梅好吃酸叽叽。

吃参果补气，吃橄榄回味，

吃荸荠消食，吃金弹下气。

老伯爷胡须两梗，买串葡萄哽哽；

老姆娘呒牙齿，要吃香蕉、红冬柿；

小嫂贪酸吃青梅，勿酸可买甜橙生水满口汁；

大嫂子贪吃香梨，哄小人糖梗荸荠；

闷牙瓜子啃得快，耙牙顶好吃西瓜。

买过客人晓得我格巧，吃过客人晓得我格好。

要买快买开，勿买小客担过台。

（王章桂采录，阿根整理）

注："泽库"即泽国，离路桥街八九公里。

8. 打铁谣

七百八百,七百八百。

打铁一，打把小花剪；

打铁二，打把菜刀劈白鲞；

打铁三，打把镰刀一眉弯；

打铁四，打把铁耙四个齿；

打铁五，刀枪利钝靠淬火；

打铁六，我帮爷爷拿竹勺；

打铁七，打枚铁钉钉板壁；

打铁八，答、答、答；

打铁九，靠帮手；

打铁十，小人讲话要老实。

（台州南部民谣，陈贤祥唱，王小飞录）

9. 新桥专业村民谣

孙织蒲鞋胡做车，

打网桥人绞棉花，

金大田人读书家。

（阿根采编）

注："孙"即孙家，"胡"即左车胡。

10. 九行业

一貌堂堂开当店，金银财宝来往往。

二龙抢珠珠宝行，珍珠玛瑙凑成双。

三鲜海味南北货，桂圆荔枝和白糖。

四季八节水果行，男女老少都来尝。

五颜六色绸缎坊，红红绿绿设满床。

六脸开出大米行，糯米晚米白如霜。

七巧玲珑江西碗，江西碗盏响叮当。

八节墙门开茶坊，多少老人白话讲。

九曲玲珑箍桶店，做工师傅做满房。

（郑正兴唱述，叶定增采录）

（二）商贸谚语老话

路桥人头发忖空心。

太平上手路桥活。

吃弗穷，着弗穷，算弗到，一世穷。

想要别人麻薯当夜饭，毡帽头碗着火炭。

开店容易守店难。

一分铜钿一分货。

货问三家不吃亏。

亲兄弟，明算账。

三兄四弟一条心，前门泥土变黄金。

办事件看人头，做生意靠噱头。

种田人不离田头，生意人不离柜头。

打鱼人讲义气，生意人讲和气。

和气生财，生意自来。

人无笑脸弗开店。

买卖弗成人情在。

小咯弗去，大咯弗来。

弗怕不识货，只怕货比货。

好货不便宜，便宜呒好货。

有手艺吃手艺，无手艺吃烂泥。

家有千金，不如手艺在身。

生意人咯嘴，溪坑里咯水。

吃力弗赚钱，赚钱弗吃力。

外行看热闹，内行看门道。

闷声发大财。

有钱人钱生钱，无钱人力生钱。

穷呒穷到底，富呒富到根。

富不过三代。

钿财落人手，讨转拧纠纠。

白得钿财汤浇雪。

铜钿眼里打秋千。

积少成多，积恶成祸。

放长线，钓大鱼。

有借有还，再借不难。

三年药店半郎中。

羊毛出在羊身上。

规规矩矩做事件，清清爽爽赚铜钿。

三句话不离本行。

第四章　商·人

——历史上路桥商贸文化的代表性人物

商贸文化代表性人物是路桥商贸文化的重要组成部分，他们不仅在路桥经济发展历史中起关键作用，还传承地方商业传统，凝结了路桥人特有的商贸价值观，并塑造着路桥商贸文化的面貌与未来。其中，包括跟商贸有关的理论家、代表性实业家、商人，路桥有文字资料记载的商贸代表性人物有 30 余位，本章挑选古代和近现代共 10 位历代商贸代表性人物代表加以介绍。

一、古代商贸文化代表性人物

（一）如吉（北宋）

释如吉，北宋元丰时期（1078—1085 年）妙智寺僧。依托宋代寺院经济的优势，他在担任住持期间显著促进了路桥的商业经济发展。根据《嘉定赤城志·寺院》中的记载，北宋名臣陆佃在《妙智院记》中提到："然其最佳曰妙智寺，盖建隆中僧南慧之所造，迨今百年，继者非一，而卒成者，如吉也。"如吉成功继承并发扬了南慧和其他前任的建设成果，使妙智寺在元丰三年至六年（1080—1083 年）期间达到了极盛状态。

如吉像（路桥区博物馆 提供）

　　如吉的经济策略包括租借寺院周边的田地给当地农民，并收取租金。这种做法不仅增强了寺院的财务基础，还带动了周边地区的经济活动，因为这些租金被视为寺院的"永久之赖"，即持续的经济支持来源。更进一步地，如吉还发展了寺院所在地的商业基础设施，例如他在任内租借寺产商铺给商人，促成了十里长街最早核心区块廿五间的形成，使该区域在新安草市的基础上更加兴旺，在北宋神宗时期成为台州重要商贸集镇和台州八大税收场务之一，廿五间的形成是十里长街发展历史开端的重要标志。

　　除了直接的经济活动，如吉还通过修建"涤滤轩"并将其开放作为寺院旅店，吸引了许多宋代的名士前来投宿，并留下诗文。这不仅增加了寺院的收入，也提升了妙智寺的社会地位和影响力。他的这种策略展示了其是如何巧妙通过宗教活动与商业实践的结合来增强寺院的影响力和经济力量的。

此外，如吉非常擅长利用人际网络和宣传策略，他通过与时任黄岩县令陆㣏的联系，找到了陆㣏之兄陆佃来撰写《妙智院记》。通过这种方式，妙智寺的名声得以扩散，成了东南地区著名的佛教胜地。

从这些事迹可以看出，如吉的商业和经济活动在宋代寺院中是具有代表性的。他的成功不仅在于经济领域，还在于通过经济手段来支持和扩展寺院的宗教和社会功能，这在当时的社会和宗教背景下具有重要的历史意义。

（二）叶适（南宋）

叶适（1150—1223 年），字正则，号水心居士，永嘉（今温州）人，是宋代永嘉学派的代表人物。叶适少年家贫，随父四处漂泊，曾在黄岩生活过一段时间。29 岁时，考中进士第二名。之后历官秘书郎、蕲州知府、尚书左选郎官、国子司业、太府卿、总领淮东军马钱

叶适讲学（张瑜生 画）

粮、兵部侍郎、工部侍郎、吏部侍郎等。在任建康府知府兼沿江制置使节制江北诸州时，他打败金兵，收复了滁州，遂令两淮江北地区的边防大为巩固，这是叶适一生中最大的事功。但由于主和派的攻击，叶适被罢官，在 58 岁时结束了他的政治生涯。

叶适醉心学问。他的著作充分地反映了温台地区的地域经济文化特征。叶适的经济思想突出地体现了其反传统精神和商品经济发展的时代特征：（1）义利观。主张把义理与功利结合起来。（2）本末观。认为要使工商业者参政议事，否定不许工商子弟为官的旧规，主张入仕无身份限制等。（3）理财观。认为君臣都应善理财，批评王安石变法"夺商贾之赢"。（4）富民观。主张国家应保护富民使之能"安其富"。（5）人地观。提出移民减轻发达地区压力，开发落后地区。（6）货币观。"钱荒"是宋代货币问题的焦点，叶适认为是物价上涨使不断扩大的铸币量依然不能满足需求，辩证地观察货币量与物价变动关系。

永嘉学派重视经济发展，强调以民为本，提出国家要大力发展商品经济、理论应为现实服务等，还秉承唯物主义观点，认为充盈宇宙者是"物"，而道存在于物质之中（物之所在，道则在焉），反对虚谈性命。所以，又被称为"事功之学""功利之学"。这些观点已经成为温台两地创业精神和务实精神的思想源流，并在当代仍然发挥着重要作用。叶适的唯物主义思想，是中国哲学中唯物主义传统的延续与发展。

永嘉事功之学产生和发展的土壤，跟浙东自古务实重商的传统是分不开的。叶适正是在温州和台州的土地上成长起来的，他虽是温州人，但一生与台州渊源颇深。少年时，就与黄岩林鼐、林鼒兄弟交好，"未冠识叔和（林鼒）兄弟""余小从叔和兄弟游"足以证明年少时的叶适经常往来于永嘉和黄岩之间。及成年，与台州名士的交往就更加频繁了。

清代学者戚学标在《太平县志》中记载："叶适……尝寓黄岩，往来邑温岭之丁氏。名士丁希亮、王汶、蔡仍、戴许等多从之游。与朱子并时，开邑文教，功不可泯也。"对叶适在台州开邑文教的功劳作了高度评价。叶适老年罢职还乡后，"尝寓黄岩、温岭一带讲学。当时临海陈耆卿、王象祖、吴子良，黄岩王汶、丁希亮、夏庭简、戴许、蔡仍等名士，皆在其门下受业。叶适谆谆善诱，宣传自己的学术见解……"①，为台州培养了大量人才。

由此可见，叶适的不同人生阶段与台州都是密不可分的。叶适在温州和台州之间架起了一座伟大的文化桥梁，永嘉学派经过台州数代门人弟子的传承和传播，已经内化于台州文脉之中，因此，台州人给了叶适极高的评价和荣誉。《台州府志·寓贤》毫不吝啬地评述："永嘉之学，前梅溪（王十朋）后水心，皆台学渊源所自。"把叶适事功学说当成台学最重要的渊源之一。

叶适在台州讲学的具体地点，一直未有定论，除了在温岭小住留下几篇诗文外，几乎不着文字。只有路桥螺洋自古流传叶适讲学的故事，当地《应氏家谱》《余氏家谱》都记载了叶适居此地大岙村讲学的事迹。

《芦阳余氏宗谱》载："毓英庙，在宗祠之右。以奉叶大侯王（叶适），宋淳熙进士、官司业，忤韩侂胄坐贬。杜门著述，自成一家，学者仰之如山斗，寓松山，王文、葛绍体与弟应龙俱师事焉。雄文奥旨，望重富世，以经自绍兴时，遍历华选，助赵汝愚定策，上疏辨朱熹之诬，终宝谟阁学士，谥忠定。曾显迹于罗川，故奉之。又有墓在

---

① 台州地区地方志办公室编：《客籍人物在台州》，1987年。

官岭横山之阳，人扫之。"

路桥清代先贤御史杨晨在《路桥志略》中更明确记载："毓英庙在罗洋街，祀永嘉叶水心先生。适……曾讲学于此，后人即其地立庙祀之。"杨晨作为晚清重振永嘉学派的瑞安大儒孙氏兄弟（孙衣言、孙锵鸣）门生，又是孙锵鸣的长婿，同时也是永嘉学派传承者之一，自然对一代宗师叶适在家乡路桥的踪迹十分关注，着意在方志中留下记录。

嘉定十六年（1223 年），叶适卒。《路桥志略》又载："叶适墓，在大岙山之麓。适字正则，门人称曰水心先生，永嘉人。"叶适死后 5 年，即绍定元年（1228 年），黄岩县令赵汝驷就黄岩县学建立三贤祠，纪念谢良佐、叶适、徐中行三人，由叶适的学生陈耆卿写记。

螺洋民间至今仍然崇拜叶适，百姓尊奉叶适为"叶大侯王"，毓英庙几经兴建，香火旺盛，叶适衣冠冢残碑也保存完好。

当地传说，毓英庙里的叶适像本是一尊大神像，有一年洪水暴发，冲毁庙宇，叶适像裂为十块，顺流而下，沿岸百姓捡拾之，自发建庙立祠供奉，达十处之多，每逢叶大侯王生诞，必游神庆祝，表演社戏，形成了特殊民俗，这在全国甚至包括叶适故里温州都是绝无仅有的。

路桥螺洋作为永嘉、温岭到黄岩县城的必经之路，历来是温州文人上京驻足之处。叶适晚年在螺洋讲学，学生有名可考的有路桥的邵持正、戴许、蔡仍，太平（温岭）的丁希亮、丁世昌、丁木、王汶、王澄、戴木，黄岩的郑大惠，椒江的葛绍体，章安的陈耆卿，临海的林表民，还有韩滤、吴子良等。

路桥自古以来就是台州商贸重镇，南宋中期之时，十里长街已经形成一定规模，"人物渐繁，商贾渐兴"，后来更是成为浙东著名商埠。"以勤为路，以诚为桥，敢闯善为，商行四海"，路桥人务实勤奋、敢于创新、义利相融的精神实质跟叶适先生的事功思想是一脉相承的，路桥的务实民风和重商环境对叶适学说的建构与成熟很可能也起到了积极影响。

如今，叶适的思想又成为路桥人最重要的精神源流之一，虽然永嘉学派在宋元之际渐趋没落，但其"通商惠工，经世致用，义利并举"的思想却在这方土地上传承发扬，800年来，从未消失。

（三）赵处温（南宋）

赵处温（1191—1265年），字和卿，号月溪，洪洋人，以孝悌著称。赵氏兄弟有田在役。宋理宗宝庆二年（1226年），弟弟赵亥（赵处良）登进士第，名列第三。按宋时惯例，登科之后，在义役的田地将归还赵家。兄弟俩商议，这些归还的田地不必私用。弟弟赵亥走后，赵处温在家经营农田，精打细算，处处节约，完成课税之后，有余钱，即买田产。这样，积二十余年，买田数百亩，在自己的旧屋基上创建义庄。

赵处温像（路桥区博物馆 提供）

雍正《浙江通志》第 188 卷记载,在赵处温、赵亥兄弟的主导下,"出义庄田三百亩,以供义役,岁储粟千石以助乡之贫,而无敛,及婚丧无力者"。赵处温设义庄救济贫困的事迹传开后,声名远扬。谷口郑大惠叙为之歌诗,车若水、王华甫为之记。此后,县里有要事,如缴税、浚河、铺路、造桥等大役,县令都来与赵处温商量,或委托他协办。赵处温办事谨慎公平,四方百里无论贵贱贤愚,都公认他是"善人"。

赵处温的弟弟赵亥,又名处良,字遂卿,号西村。南宋宝庆二年(1226 年)右榜进士登第三名,由殿前司同副将,积功以武翼大夫改文资,做过滕州及贺州、广德州太守。赵亥性格恬退,杜范任右相时,曾经累书促他赴京,但他并不愿意。回到家乡后,赵亥多行义事,支持其兄赵处温兴建义庄,乡人们很感念他的德行。

赵处温兄弟创建的义庄,较早以宗族之名参与基层治理,丰富了古代中国"义利并举"的社会理念,即在追求个人或家族利益的同时,积极承担社会责任,以利社会,为中国农村"乡绅之治"开启了新的篇章。

赵处温的商业思想体现在他精明的农田经营和义庄建设中。

一是精打细算与节约原则。赵处温在家经营农田时,坚持精打细算,处处节约。这种做法不仅保证了家庭经济的稳定增长,而且也确保了在完成国家规定的课税后还能有余钱进行再投资。这种经营策略体现了他对财务管理的严格控制和高效运用,使得资源得到最大化的利用。

二是再投资与扩展土地。赵处温所剩余的资金用于购买更多的田产,体现了他对资本积累和扩张的重视。通过连续二十余年的投资,他的土地持有量显著增加,这不仅增强了他的经济基础,还为后续的义庄创办提供了物质基础。

三是创建义庄的社会责任。在经济基础得到巩固后，赵处温在自己的旧屋基上创建了义庄。义庄的建立直接反映了他将个人经济成就转化为社会贡献的意愿。通过这种方式，他不仅解决了贫困乡民的基本生活问题，还通过提供救济基金来支持乡民在经济上遇到困难时的特定需要。

四是长远视角与持续发展。通过稳健的管理和对慈善事业的投入，他确保了家族在当地的良好声誉和社会地位，成为名镇一方的著名乡绅，参与地方治理，使家族经营得以长续。

总体来说，赵处温的经营理念是一种兼具经济效益与社会责任的模式，既注重资本的积累与再投资，也强调回馈乡里，体现了古代中国"义利并举"的思想精髓。他的做法不仅为他本人和家族赢得了尊敬，也为后世提供了一种融合经济与社会责任的成功经营模式。

通过这一机制，赵处温有效地将家族资源转化为社会资本，促进了乡村的和谐与发展。这种自下而上的社会治理模式，在当时尚属创新，预示了后来中国乡绅在地方治理中扮演的角色。

（四）方国珍（元代）

方国珍（1319—1374 年），洋屿人，是元末浙东农民起义军的领袖。

方家祖上以贩盐为业，到方伯奇这代，已经成为佃农。根据张耒撰《方国璋碑铭》及宋濂撰《方国珍碑铭》载：其系分自莆田，再迁台之仙居，三迁于黄岩灵山乡塘下里，遂占籍焉。又据《石曲方氏宗谱·源流序》：方氏祖籍台州，自大宋年间侨寓黄岩，世居洋屿，后迁石曲，历传至元，又传数世及元武宗时，出兄弟五人，长国馨，次国璋，三国珍，四国瑛，五国珉。其中国珍最为壮实，孔武有力，《明史》上说他"长身黑面，体白如瓠，力逐奔马"。方国珍体白面黑，是由于长年在户外奔波。

方国珍起义（张瑜生 画）

　　方国珍长兄国馨在洋屿盐场包有盐灶，兄弟勠力，家境渐裕。北宋咸平三年（1000年），路桥沿海建立于浦盐场后，盐业就成了宋元时期黄岩沿海的主要产业。当时制盐之法以煎烧为主，煎烧海盐需要大锅，这种大锅，俗称牢盆。当地有一盐霸，叫蔡元一，绰号叫"蔡乱头"，带人偷走方家牢盆，被方国馨发现，双方因此发生争斗，国馨被殴死。可黄岩州和台州路官员都受了蔡乱头的贿赂，有意偏袒，官司无果而终，这就是著名的"争牢盆"事件，这起事件成了方国珍起义的导火索。

　　至正八年（1348年）五月，台州遭受了巨大天灾，台风海啸，海水吹上平陆二三十里，粮食无收，百姓流离。方国珍被仇家诬告通匪，遭到通缉，他不得已揭竿而起："朝廷失政，统兵玩寇，区区小丑不能平，天下乱自此始。今酷吏藉之为奸，祸及良民。吾若束手就毙，一家枉作泉下鬼，不若入海为得计耳。"方国珍得到了兄弟们的响应，他们聚起人马，杀死仇人一家，正式起义，在洋屿村口树起一面大旗，上书谚谣：

　　　天高皇帝远，民少相公多；
　　　一日三遍打，不反待如何！

　　方国珍的《台温处树旗谣》一经传播，立即席卷整个台温地区，成了起义的号召纲领，贫苦民众纷纷来投，这是至正八年（1348 年）的事。论时间，方国珍起义要比刘福通、徐寿辉、郭子兴（后来朱元璋加入）等早两三年，比张士诚起义早五年。

　　方国珍起义一路壮大，到至正十四年（1354 年）四月，国珍已拥船 1300 余艘，仍据海道，阻绝粮运，元廷以江浙行省参知政事阿儿温沙升本省右丞，浙东宣慰使恩宁普为江浙行省参知政事，皆总兵讨方国珍，均无果而终。九月，方国珍攻占台州城。至正十五年（1355 年）春，方国珍攻占庆元。之后又占领温州。至此，方国珍占领了浙东三郡。

　　方国珍在对抗元廷的战争中，几乎没有败绩，义军发展到 20 余万人，战船 1300 余艘。但是，尽管屡战屡胜，方国珍还是选择停止了自己扩张的脚步，在占据浙东三郡后，实行"保境安民"政策。也许，他的想法是像吴越王钱镠那样，只做这一方水土的经营者和守护者，而不是逐鹿中原，称王称霸，让富庶的浙东陷于无休无止的战火。客观上给浙东百姓带来了难得的和平生活，被当地百姓们世代传颂。

　　方国珍"保境安民"的主要措施有四项：筑城、兴修水利桥梁、兴办学堂、发展航运和海外贸易。

　　为了防止张士诚军突然袭击，至正十九年（1359 年），方国珍扩建余姚县城。至正二十四年（1364 年），在上虞筑丰惠城，后来又筑了庆元城。

上虞县海堤年久失修，水淹成灾，国珍带弟弟国珉沿江察看，下令改砌石堤，修成后，上虞成为一片沃土。陈恬《上虞县五乡水利本末》（内有刘仁本等人序）记载："邑所垦田大率三十三万亩，公赋一万八千斛。濒湖五乡为田三之一，而粮乃当大半。盖因田为湖，租未尝减，再包湖面不耕之地，故赋视他乡为特重（上山诸乡每亩止科二升、三升，下五乡每亩起科六升、七升）。"可知上虞县各乡税粮比较低，并非平均数。

至正二十年（1360 年），方国珍重修庆元东津浮桥。乐清县东、西两渠岁久淤塞，方明善命手下官吏进行疏浚。乾隆《温州府志·水利》载："元末，方氏（国珍派侄明善管理温州路）吏刘敬存摄邑，浚治深广，于是两渠复通，仍建宝带桥其上。又浚东小河至白沙，以泄溪流，舟楫可通，田得以灌溉，民甚便之。"这是温州古代方志中对农民义军少有的赞美之词。

在家乡台州，方国珍的兄弟方国璋、方国瑛也大兴水利。据嘉靖《太平县志》载：元至正间太平范围建有车路闸，又建九眼陡门、六眼陡门，建塘有七：太平有萧万户塘、长沙塘、塘下塘、截屿塘，玉环建能仁塘、江心塘、灵山塘。这些塘大部分是方国瑛管理台州时建。至于台州各县所兴的水利还有许多。在兴修水利的同时，方氏兄弟还重视修筑桥梁。至正二十年（1360 年），方国珍重修庆元东津浮桥，刘仁本撰《平章方公重修灵桥记》中有记录。方氏兄弟还重修了中津桥。在家乡路桥附近，方氏兄弟修筑了石曲桥、三衙（指国珍）桥（在泽国）、四衙桥（国瑛修，在石曲西南）、洋屿桥（又称四府桥，国瑛修）等。

在舟山，方国珍也轻徭薄敛，修筑塘堤，兴建桥梁，使得舟山社会经济有了较大发展，船舶修造业更加兴旺。民间传说方国珍离开舟山群岛时，上千人阻道求留。方国珍降明后，百姓将方国珍义军挖的饮水池称为"留方井"或"方河"，意为留恋方国珍。

在文教方面，方国珍兴建了庆元府学堂与黄岩羽山文献书院；为大戏剧家高明创造条件，使之安心隐居在宁波栎社创作出流传千古的南戏《琵琶记》；余姚办儒学有阻，他派刘仁本前去督办；又派其在余姚龙泉山仿兰亭建雩咏亭，邀请众多文人名士举办"续兰亭会"，刻成诗集，遂成文坛一时佳话。与方氏政权交往的，除了著名诗人萨都剌外，还有大文人贡师泰、张翥、宋濂、丁鹤年等，著名医家滑寿（伯仁）也与方氏集团关系密切。

方国珍要求自己的子侄必须读书，明巩、方行、方礼、明谦等人，都善诗。一时文盛，时称"淮张兄弟，庆元父子"。杨晨在《路桥志略》中赞道：国珍"有庆元、台、温三路，视钱氏十四州虽不如，亦称霸一世，尝于羽山建文献书院，一时名士多从之游，子弟亦有才名，迥非陈友谅辈所能及"。

方国珍起义盛时有兵船 1300 多艘，占据庆元获得安定后，海船有所减少，仍有 1000 艘左右，但船只越造越大，足能抵抗海上风暴，不至倾没。

有了海上巨轮，方国珍积极开展海外贸易，派人去高丽等外邦联络，改庆元路市舶提举司为"海沧馆"，"番货海错，俱聚于此"。海沧馆原址，有宁波学者考证出在当时的波斯馆南面，今旗杆巷北的东后街与车桥街交界的西侧。《至正四明续志》记载，庆元进口舶货有220 多种，比南宋的《宝庆四明志》所载舶货多出 60 余种。无怪乎元人在描绘庆元时这样写道："是邦控岛夷，走集聚商舸。珠香杂犀象，税入何其多。"

方国珍还积极改进船只结构工艺，"造船千艘于海上"，并把体大坚固的福船作为主船舰，推动了中国造船业和航海业的发展，对后来以"郑和下西洋"为代表的明代航海事业做出了不可磨灭的贡献。

元末各起义军争城夺地，百姓极受其害。方国珍管辖的浙东，从至正十五年（1355 年）后到至正二十七年（1367 年）这十多年时间，基本没有战争，百姓安居乐业。

至正二十七年（1367 年）九月，已经吞并陈友谅、张士诚等势力的朱元璋开始进攻方国珍。十二月，方国珍在审时度势之下投降。次年初，朱元璋在应天（今江苏南京）称帝，明朝建立，授方国珍广西行省参政，食禄京城，赐宴时，国珍皆与功臣列坐。

洪武七年（1374 年），方国珍病故，享年 56 岁，葬于南京城东二十里玉山之原。洪武九年（1376 年），朱元璋敕命翰林学士承旨宋濂作《故资善大夫广西等行中书省左丞方公神道碑铭》，对方国珍的一生做出积极评价："盖公以豪杰之姿，庇安三路六州十一县之民，天兵压境，避而去之，曾无一夫被乎血刃，其有功于生民甚大。"

方国珍不仅军事才能突出，还在商贸和地方治理上有着显著的贡献。他的商贸事迹尤为突出，在起义期间及控制地区内积极发展海外贸易，对中国造船业和航海业的发展做出了重要贡献。

首先，在商贸方面，方国珍利用其控制的沿海优势地带，大力发展海上贸易。他重视船只的建造和改良，推动了中国造船业的发展。在他的指导下，浙东地区制造了大量各种类型的船只。这些船只不仅用于军事活动，还用于商贸活动，能够抵抗强烈的海上风暴，保证了海上运输的安全和效率。

方国珍还设立了"海沧馆"，专门负责管理和促进海外贸易。通过与高丽等外国的联系，将庆元地区建设成为一个重要的国际贸易中心。这不仅促进了地方经济的发展，还帮助当地百姓获取了更多的就业机会和收入来源。

在地方治理方面，方国珍采取了"保境安民"的政策。他重视基础设施的建设，大兴土木，修建城墙，疏浚河道，修筑桥梁，极大地改善了地区的交通和水利设施。这些措施有效地防止了自然灾害的发生，提高了农田的灌溉效率，增加了农作物的产量，从而稳定了地方粮食供应，增强了地区的自给自足能力。

总的来说，方国珍不仅是一位出色的军事领袖，还是一位杰出的经济和地方治理者。他的政策和措施在提高地方防御能力的同时，也极大地促进了经济和文化的发展，使得浙东地区在动荡的元末时期维持了相对的稳定和繁荣。他的这些贡献，不仅在当时有着重要的历史作用，也为后世留下了深刻的影响。

（五）罗宝书（清代）

罗宝书（1809—? ），清代中期丝织业代表商人，贡品非遗"拷绢"创始人。

罗宝书像（路桥区博物馆 提供）

　　明清时期，台州路桥的横街、洋屿及周边下梁、新桥妇女大都从事土布纺织，江南丝织业源远流长的深厚传统和路桥土布纺织的丰富经验，为清代中期路桥拷绢的兴起奠定了基础。

　　从清中叶到民国，洋屿殿一带盛产拷绢。拷绢的鼎盛时期，至少要追溯到道光、咸丰年间（1821—1861年）。每逢横街、洋屿殿市日，本地织户、外地行商与本地小贩均到集市购销。街面上，只见人头攒动，摩肩接踵，挨挨挤挤，喧哗不已。行贩们沿街看货收买，将购来的白绢、拷绢、土布成批运往温州，再出口至东南亚各国。织户们卖掉绢后，再到行中购买生丝或蚕茧，回来又织成绢。

　　光绪年间，"殿前绢"与黄岩茅畲"茅畲绢"、临海"更楼绢"合称为"台绢"，并以"台绢"为名产，与玉版纸、台柑、台蕈、姜干并列为朝廷贡品。光绪《黄岩县志》对台绢不同种类进行对比之后确认："绢，出南乡殿前者最佳，坚韧胜纺绸。"

　　由土布到绢布，洋屿、横街一带纺织业如此发达，不得不提一个带头人，他便是洋屿殿人罗宝书。

　　罗宝书出生在清嘉庆十四年（1809年），少年时跟随父亲种田，农闲时也帮母亲织布，眼见全年辛苦，挣不了几个钱，而自己年龄一年一年增长，连娶媳妇的钱都挣不到。其时长兄罗彤臣已在经商，几年下去，有了一点基础，于是就带弟弟一起贩运毡帽，此时宝书已经20岁了。

　　宝书跟随兄长贩帽北上，很快地熟悉了生意门道。他是一个勤劳细心的人，在贩帽期间，留心浙北民生民情，他见杭州、绍兴纺绸织绢获利甚丰，于是，心里就有了主意，跟兄长提出，衣物是每个人的生活必需品，织绢要比织帽得利多，贩绢也比贩帽利润高，罗家可以改换行业。但罗彤臣有所顾虑，洋屿的土产只有草帽、土纱、土布，没有产过绢，如果到绍兴进货，拿到杭州卖，长年在外，就无法照顾家庭。

聪明的罗宝书早就有了计划，他想把织绢的技术引进到洋屿，这样不离开家照样能织绢贩绢。

罗彤臣对这个弟弟比较信任，最终被罗宝书说服，同意了他的创业方案。于是，罗宝书就留下来，跟绍兴嵊县的一户织家学习织绢的技艺。

罗宝书有织布的基础，加上刻苦努力，人也聪明，学起来非常快，不到一个月，就把织绢的全部工艺都掌握了。回来时，他从绍兴带来一些零件，又从嵊县购得土丝，并把家里的织布机改造成织绢机，开始生产绢布。

第一批绢布很快生产出来，罗宝书织绢的消息在村里传开了，大家都想知道织绢是怎么一回事，来向他讨教。罗宝书却对乡亲们说："现在不忙，等我把这批绢卖掉，看看有无利润，大家想学也不迟。"

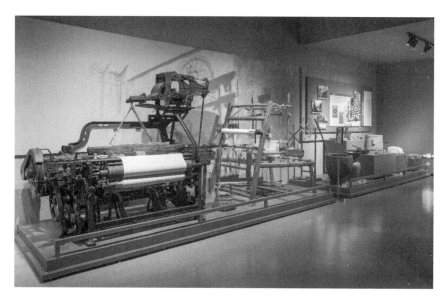

近现代织机（路桥区博物馆 提供）

罗宝书兄弟带着自己试织的产品到杭、绍推销，由于他织的绢质量不比杭绍差，价格却低，被布贩抢购一空。两兄弟把所织的绢全部卖掉后，仔细盘账，果然，织绢比织布强多了。

罗宝书心里有了底，这次回来后，就开始向洋屿一带妇女传授技术，改传统织布为织绢。亲戚乡里想改机的，宝书都亲自去指导改装。有买不到丝的，宝书就垫给他们丝，等卖了绢再结算。经过七八年努力，织绢大盛。

这个时期，黄岩县东南乡一带数十里，妇女几乎没有不会纺纱织布的，家家织绢机声轧轧，年产三四十万丈（约 6000 匹）。每当秋夜鸡鸣蝉声消失时，女人们围坐在道地里纺纱料丝，点着用芯草的菜油灯，织声盖过蝉声，就这样夜以继日地操劳。那时姑娘出嫁时，绢机也是陪嫁品。

此时的罗宝书已经不满足于织绢，而是把目光投向了绢布的染色工艺。经过不断实验研究，终于成功制成源自纯天然配料的染色拷绢。生丝织成绢后，采用天然植物薯莨的根块作为原料染绢，通过一系列的工艺流程，染成黑色拷绢和各种色绢。拷绢成品油亮光滑，坚润爽身，穿在身上，既不沾汗，又能透风，十分凉快，而且牢固耐穿，易洗速干，适合制作夏服，男女老幼皆宜。当时不论行商坐贩，比较富实的人，尽穿拷绢衫裤。

难能可贵的是，罗宝书研发了"殿前绢"[①]，也由此成为大富人家，但从不垄断行业，他知道，一个地方发展一个行业，需要众人的努力，靠他一个人是不行的。罗宝书除了教洋屿妇女织绢外，还鼓励乡亲贩卖经营。拷绢宽度一般为二市尺，长度为六至十丈，每市尺可卖三角左右，织得快的，每昼夜可织一丈绢，每月可挣五六元，维持一

---

① 因罗家住在洋屿殿，故洋屿殿一带生产的拷绢被称为"殿前绢"。

家五口人的生活有余。殿前有一大村，以姓张为主，由于村民大都从事拷绢业，这个村就叫"拷张"。

黄岩东南乡桑树不多，蚕丝生产远不能满足织绢需要，每年新春开始，行贩就到湖州、临平、平湖等地购买大批蚕丝或蚕茧，供各户织绢之用。洋屿殿西南的向西陈村里有一巨富，叫陈曼卿，在温州五马街开设协泰商行，销售拷绢与土布。由于丝绢手工业逐渐发达，陈在温州除设立协泰商行外，陆续增设协茂、协义、协顺等共5家，可见当时丝绸业之盛况。

罗宝书由拷绢成为洋屿富家后，黄岩县府援例赐他为国子生。罗宝书孝母敬兄，治家甚严。一日，家人聚观花鼓戏，见罗回家，纷纷进屋，罗宝书斥演戏伤风败俗，手执木棍驱赶。清咸丰元年（1851年），罗宝书卒，终年43岁。

自此以后，台绢出品以横街及洋屿最盛，户有机声，妇无休织。而"殿前绢"能名列"台绢"之首，与另一个营销者罗存霖也分不开关系。罗存霖，字雨三，居洋屿老宅。开始时从事贩卖衣服，稍有积蓄乃开木材场，家益富。存霖饶有资财，走湖州、绍兴各郡，购买蚕丝转售于人，并自设织机厂织素绢、拷染着色，获利益丰，拓田有二顷。虽说商人天性逐利，但罗存霖也跟罗宝书等前辈商人一样，乐善好施，慷慨无所吝。

罗宝书也十分崇尚"义利交举"的思想。民间传说记载了他的几个故事。

在未发家前，有一年正遇上严寒，罗存霖听到邻居有母子数人无衣哭泣，觉得可怜，送给他们棉衣。存霖的妻子有些责怪地说："购棉衣的钱是借来的，你把棉衣送了，又不收钱，今后怎么偿还债主的钱？"存霖回答说："别人与我同样是人，何况比邻而居，号泣相闻，又怎么忍心呢？他日万一还不上，典当我的衣服就是了。"

邻居又有无米做饭者，来求借，存霖立即叫妻子取米给他。妻子说："米只有二升多，自己且不够，如果送人，岂不是自己要饿肚子？"存霖说："分一半给他。"邻居走后，存霖对妻子说："他已经无米断粮，我们起码还有吃的，哪能坐视他家饿死？按我们能力所及去做就可以了。"

木材场有坏小子偷木头，被邻居抓住送到存霖面前，存霖笑着对邻居说："他因为饥饿寒冷被逼，不是真的喜欢偷窃。"就释放并嘱咐小偷下不为例，小偷感激叩头而去。

咸丰三年（1853年）六月暴雨，稻田全部淹没。次年七月海潮泛滥，乡民饥饿，存霖把仓库里的粮食全部拿出来，减价销售，且仿古人"以工代赈"法，招乡里之贫困的人与给以丝线，令其织绢而付给相应报酬，贫困者皆得食。

罗存霖晚年益发豪爽，大开赈恤之门，施衣散粥，鳏寡孤独无依靠者给银六两，每年帮助五十多人。他曾经说："凡积货财，贵能施也。否则，守钱虏耳。"

洋屿殿前绢经罗宝生、罗存霖开发推销，咸丰、同治年间达到鼎盛，至民国中期有1万余户、1.2万余人以织绢为业，盛时年产5万匹绢。但由于后来洋布大量进口，东南乡人民的拷绢、土布逐渐衰落，协字号的5家温州商行也都先后倒闭。但数百年来，织绢一直是路桥东南一带妇女主要的手工业。

如今，拷绢已经成为路桥的一项省级非物质文化遗产。也许，我们要传承的不只是手工技艺，罗宝生、罗存霖等路桥前辈商人身上所体现出的"义利并举"的品格，更是一笔宝贵的精神遗产，值得每个路桥人继承。

二、近现代商贸文化代表性人物

（一）杨晨（晚清）

杨晨（1845—1922年），字定孚，又字蓉初，号定夫，晚年号"月河渔隐"，路桥长街人。少有神童之称，祖上世居黄岩高桥，是地道的农家。道光初年，祖父杨阜东来到路桥河西置业开铺经商，杨家也就随之迁至路桥。

杨晨像（路桥区博物馆 提供）

杨阜东虽是个鱼盐商人，却喜爱读书，非常重视儿子的教育，因长子早亡，二子杨友声便成了他唯一的希望，杨友声便是杨晨的父亲。为了儿子出人头地，杨阜东为其延请了当地的名师教导，杨家由此完成了从农民到商人再到儒商家族的转变，随着杨友声博得功名，也成功完成了阶级的跃升。

杨晨幼承庭训，学有渊源，父亲给他请了许多地方贤达作为老师，可谓转益多师，加上他天资聪颖，很小就有神童之称，15岁参加府试，得了第二名；同治四年（1865年），才20岁就中了举人。随后，杨晨就读于杭州西湖崇文书院，遇到了他人生中的大贵人——时任紫阳书院院长的瑞安大儒孙衣言先生。

孙衣言，字琴西，与其弟孙锵鸣同为致力于重振永嘉之学的中流砥柱。永嘉学派自南宋叶适达到顶峰之后，慢慢走了下坡路，至元时已经没落。而晚清之时，中国内忧外患，西方列强用洋枪洋炮打开了我们的国门，浙东的一些有识之士们慢慢意识到，占正统地位的程朱理学已经僵化而脱离现实，快走不下去了。为求革新，他们一方面开始睁眼看世界，一方面，把目光重新投向了倡导"经世致用"的永嘉学派。

年轻有为的杨晨被孙氏兄弟所欣赏，收为弟子，还被孙锵鸣招为女婿，与内弟孙诒让成为莫逆之交，跟随孙氏兄弟学习永嘉经制之学。孙锵鸣被誉为"天下翰林皆下辈，朝中将相两门生"，他是晚清重臣李鸿章和沈葆桢的房师，名满京城，选婿自然挑剔严格，杨晨能够成为孙锵鸣的女婿，足见其才华与人品。

同治九年（1870年），杨晨和孙诒让、王棻等青年名流一起，进入两江总督曾国藩开设的冶城书局担任校雠。校雠就是校对，一人独校为校，两人对校为雠，大概的意思就是把典籍文章中的错误像仇敌一样揪出来，需要非常扎实的学问功底。三年后，他又跟随恩师孙衣言到安徽校阅《永嘉丛书》。这两段校阅经历让杨晨有机会"尽窥藏籍"，也深深影响了他的经世思想。

同治十三年（1874年），杨晨成为内阁中书，担任国史馆校对。光绪三年（1877年），32岁的杨晨中了进士，而且获得了很优异的成绩，殿试冠浙人，为二甲八名，被选为翰林院庶吉士，充国史馆协修、编修。在清代，庶吉士的主要工作是替君王负责起草诏书、讲经文等。

　　光绪十年（1884 年），杨晨成为御史，第二年便担任顺天府乡试同考官，补山东道监察御史，再补河南道御史，并在河北定兴县掌教河阳书院。光绪十四年（1888 年），在光绪戊子年顺天府乡试中，杨晨再次担任考官，为避亲嫌，造成内弟孙诒绩、孙诒泽，连襟张霑等三人失去乡试的资格，更严重的是内弟孙仲彤因此失意患急疾，病亡京师，此后孙家几乎与杨晨断绝往来，直到杨晨晚年才恢复交往。这件事给杨晨带来了情感上的极大伤害，但恰恰也是他身为御史刚正清廉的鲜明体现。

　　光绪十六年（1890 年），父亲杨友声去世，杨晨回家守孝，光绪十九年（1893 年）转掌江南道御史，转掌四川道。次年会试担任监试官，擢升工部给事中。光绪二十一年（1895 年）会试，担任同考官。这次的会试考生可不一般，里面有后来大名鼎鼎的康有为、梁启超，还有同为黄岩人的榜眼喻长霖。会试后，杨晨授刑部掌印给事中，这是他的最后一个在朝职位。光绪二十三年（1897 年），在监考完顺天府乡试后，母亲病重，杨晨以母“盼子心切，寝食难安”为由请辞，回到家乡路桥，从此终老于乡。其实归乡那年，他才 52 岁。

　　杨晨在朝为官数十年，立朝敢言，所陈动关国家大事，特别是经济方面，尤为尽心。光绪十九年（1893 年）任四川道监察御史时，他关心强国之道，节抄洋务始末。其奏疏有《富强本计疏》《请移民实边疏》《裕国计疏》《再陈军务疏》等，有些被采入光绪年间所编的《东华录》。在《富强本计疏》里，他请减免厘金繁税，加抽洋商进口税，主张用国产原料制造本国产品，保护民族工商业发展，这是中国人较早论及关税贸易战的言论；在《裕国计疏》里，他请求奖励民间开矿，开辟未通商港口，行驶轮船，改进缫丝纺织机，发展工业以开源，省冗官冗兵以节流等；还向光绪帝提出恢复经筵日讲和御门听政传统，劝谏皇帝勤政。

杨晨虽然一直在外省任职，但他仍然十分关心家乡的疾苦。光绪十五年（1889年），浙江发大水，杨晨积极参与省籍京官联名上疏请赈济，清廷拨国库十万两，救济杭嘉湖，而台州却一钱未得。为此，杨晨再次上书《历陈台州疾苦情形疏》《为台州水灾请赈疏》等，反映台州的严重灾情，为台州灾民呼吁，终于得朝廷万金济灾，使台州百姓获得实惠。杨晨不但上疏赈灾，还捐出私钱在路桥河西长期开济施粥。只要穷苦民众，都能得到粥粮救济，使得路桥灾民不致饿死，体现了拳拳爱乡爱民之情。

杨晨归乡后，并没有闲着，做了大量对台州和路桥来说具有里程碑意义的事情。

1. 投身实业，创办轮船公司

在未回乡之前，杨晨就曾对人说："吾台襟山带海，交通阻滞，甬人始置轮舟，雇用洋人司收纳，动遭苛待。"已暗下决心发展台州的航运事业，以对抗洋人压迫。

光绪二十四年（1898年），清廷发生了惊天动地的戊戌变法，但这个大事件似乎并没有影响到杨晨，这一年三月，他亲自跑到宁波考察轮船。回来后，便与陶祝华集资创办"越东轮船公司"，购买轮船，定名"永宁"，计划航行台甬间，忙得不亦乐乎。但轮船的航线却受甬商阻挠，难以开航。杨晨就通过自己的人脉关系，越级赴省陈情，终获批准。当年八月，"永宁"轮首航台甬线，后兼航台温线，开创了台州现代航运业。

随着椒江港口的放开，台州和宁波、上海的海上通道日益繁忙，经商者多从海路去上海。日本船商闻风而来，日轮"载丸号"开始加入航线。对于日商，杨晨十分憎恶，曾言"卧榻之侧岂容他人鼾睡"。于是，又至香港购"永江""永利"两艘轮船往来台沪，誓欲在商战上打败日本船，以防利权外溢。

"永宁号"和"永丰号"轮船（路桥区博物馆 提供）

海门轮埠有两百亩地被当时的天主堂所占，有奸民投靠洋神父，欺压百姓，经常横生事端。正当杨晨的航运事业顺利开展时，天主堂又要强行收回码头。杨晨几经周折，于光绪三十三年（1907年）十月，与葭芷黄楚卿等集资二十万两从洋人手中购回土地，辟为振市街，并成立了台州历史上首家商业地产公司——振市股份公司，建永振楼。楼成之日，杨晨兴奋地写下诗作：

才向鉴湖乘钓艇，又来椒浦狎鸥行。

白云飞渡金鳌背，独倚城头看夕阳。

正是在杨晨的不懈努力下，台州的航运事业才得以发展，大大促进了台州跟上海、宁波等地的交流，开辟了海上商路，民族工商实业也借此蓬勃发展起来。杨晨也成为台州工商史上由近代朝现代迈进的"承前启后"的标志性人物。

2. 义利并举，积极回馈家乡

杨氏族人中有许多贫乏之户，杨晨祖父杨阜东在路桥经商致富后，"尝慕范氏义庄之事，而力有未逮"。杨友声、杨晨父子成年后，实力和能力都进一步加强。对家乡路桥的十里长街，杨晨倾注了更多的热情。长街路基因年久失修而破损，他像乃父杨友声那样，慷慨地出资两千银圆，把路面修葺一新，便利交通；又设平粜局以资助贫民；把自己最好的数百亩田地辟为义田，"割田数百亩，岁收租钱分给"，设立同仁义庄；还拨了百亩田地以周恤接济乡里，命名为四仁公所，"又念周恤邻里之谊，拨田四十亩，遗命复益以六十亩归公所，名曰四仁，盖取发政施仁，必先四者之义"。鉴于杨晨父子在路桥慈善方面颇多建树，浙江巡抚聂缉规奏光绪帝，为其建"乐善好施坊"，以示嘉奖。

3. 重视文教，开办新式学校

晚清时期，在面对着内忧外患的危难局面时，当时的中国士人更多地从教育的方面去寻找原因，举国恍然于教育之无当。杨友声、杨晨父子在教育事业中投入了很大的精力。同治中兴，杨友声请拨府义学正淦地八十亩及螺屿凌云寺山二十三亩、地三亩作为文达书院的学田，并请拨县粮平余钱岁百千为山长修脯。同治十年（1871 年），又倡议设立路桥宾兴，接济寒门举子。杨晨出外求学与为官接近 30 年，交游广泛，充分受到西方教育思想的影响，作为一个兼集旧学与新思维于一身的科举功名拥有者，对新学有着自己独到的认识。[①] 光绪二十七年（1901 年），清政府先废除考试用八股文。杨晨倡议将文达书院改成筠美学堂，附设文达、河西两小学，拉开了路桥现代教育事业的序幕。光绪三十一年（1905 年），清政府罢科举，为其改造旧学提供了历史机遇，杨晨建议这些学校采用中西课程同教的模式，同时，大力重振宾兴文教，捐赠 2000 册图书给宾兴祠。杨晨为人闲静少言，勤俭恭让，晚年却变得越发洒脱，他似乎找到了自己理想的归

---

① 宫凌海、郑微微编著：《浙东传统海商家谱研究》，上海交通大学出版社，2019 年。

隐之地，那就是螺洋西南的鉴洋湖。但晚年的他在鉴洋湖的美景之中发现了隐患：湿地内水道不通，经常漫溢，影响农事。他带头出资，号召周边民众围湖筑堤，改善水利，鼓励农民种桑养蚕，甚至办起了桑蚕学校，终使湿地变成宝地。

4. 醉心文史，整理乡邦文献

从官到商的身份转变，并没有让杨晨脱离一个儒者的本质。不论在朝为官，或是经营实业之余，他都从来没放弃过著书立说，以永嘉学派宗师叶适为精神偶像，一生笔耕不辍。徜徉在中国经史的长河中，捡拾散落其中的珍珠，留下了许多传世著作，应了恩师孙衣言勉励他的诗句："水心文法箧窗得，不但搜罗鲁壁书。"（《喜杨蓉初晨留馆寄诗为最》）他有感于《三国志》有史无志，从一百五十六种书中广泛取材，取其精华，编著成二十二卷的《三国会要》，全面记载了三国时期的典章制度和社会经济情况，共分十五门，八十四目，以补《三国志》之缺，成为后人研究三国历史的重要参考资料。

他着迷于台州的山水风物，编著了《台州金石略》《台州艺文志》《临海异物志》《临海县志稿》等，编辑《台州丛书后集》十六种，为台学加上了一块块坚实的砖。当然，还有那本被路桥人奉为至宝的《路桥志略》，记录了路桥的大量经济商贸史实。

晚清黄岩名士王舟瑶在《杨定孚给谏重宴鹿鸣序》中写道："先生……誓墓早归，优游林下，惟以劬学著书为乐，尤奉于台学，刊播遗书，诱掖后进，冀返旧时海滨邹鲁之风，此固今日之晨星剥极之硕果，实为乡邦文献之所系。"高度赞扬了杨晨对台学文献的贡献。

1922 年，78 岁的杨晨走完了他传奇的人生，在家中去世，归葬在鉴洋湖畔的马山上。

（二）王蒙升（晚清）

王蒙升，生卒年不详，路桥镇人。父早亡，王蒙升其时年仅 9 岁，由寡母一手带大。因父早死，全凭母替有钱人家做针线活（时称针线娘），以维系家中生计。王蒙升 16 岁，其母遂令王蒙升随一广东在路桥做绸布生意的商人学习。王蒙升跟着那位广东商人出入于南洋、福建、广东一带。因王蒙升天资聪慧，刻苦耐劳，为人厚道有信，广东商人十分看重他，遂将其女嫁他为妻。王蒙升成家后，岳父出重资令王蒙升在路桥开商店做生意。成家后回路桥独立经营。1835 年，王蒙升已在现老马路桥临南官河一带建有二十多间街面屋。

1840 年，王蒙升为顺应时代潮流，在十里长街建起第一家百货商号，起名"王源丰"。"王源丰"是路桥第一家以小商品为主打产品的大商行。因此，王蒙升也是路桥首位规模经营小商品的商人，以诚信为经商的最高原则，实施薄利多销策略。所经营的商品，全是百姓平常所必需的日用品，如布、呢绒、绸缎、五金器具等"小百货"，货源皆出自上海、宁波两地与时代同步的新产品。因为式样新潮，方圆百里闻风而来，批发者众，王蒙升的日用品生意越做越大。

王蒙升有五女，人称"五凤"；有九子，人称"九龙"。在过去，一个家庭生有五女九男，被视作"积德人家"。有道是"人积阴德为子孙"，王蒙升为感谢上天对他的厚爱，从他第九子出生那年起，即从他所有的经营利润中，拿出两成以行慈善。每年正月初二与十五两天，例行为王源丰施舍日。这两天，王蒙升本人亲立于街头，将年前雇人所做的大量年糕摆放于廿五间沿街。凡过不去年的穷苦人，只要往王蒙升面前一站，王蒙升即以双手奉年糕一块。后路桥人遂将此年糕称之为"王年糕"。每遇大灾来临，王蒙升必大开粥厂。每施粥，王蒙升必亲至粥锅前，手拿一根筷子往锅内粥中一插。若是立住，此粥合格，遂可发放。由是路桥方圆数百里皆知王蒙升是大善人，遂以商号代人名，称王蒙升为"源丰先生"。

路桥"九老社"旧影（路桥区博物馆 提供）

王蒙升对路桥经济发展的主要贡献有四。一是路桥小商品交易业由他所兴。二是路桥教育事业发展的践行者。他兴办王源丰书院（位于原路桥街道办公地）。为保证书院正常开业，曾购有六十亩地，以所出之产为学资。三是路桥商业行会的开创者。那时不叫商会，叫路桥"九老会"（由九位年高德劭的商人组成，具体名单不详）。主要任务是解决商业运行中的欺行霸市与调节经商时所产生的矛盾。王蒙升为建"九老会"，特出资建造九间房子为九老会会址（地点在原路桥中学南边。路桥中学正式建成后，因中学老师无宿舍可容身，由王蒙升后人捐予路桥中学为教师宿舍）。四是在路桥办了一处钱庄，是路桥历史较早的近代金融机构，其商业版图扩大到金融业。[①]

_____

① 郑九蝉：《路桥札记》，待出版。

（三）郏道生（现代）

1892 年，郏道生出生在路桥马浦前洋郏村的一户村塾老师家里，家境比上不足，比下有余。他还有个弟弟，叫郏寿生。道生和寿生跟随父亲耕读。非但学业进步很快，而且从小就养成了脑手并用的习惯。

随着年龄的增长，父亲的私塾已经不能满足他们的要求，尤其是道生，因受维新思潮影响，向往实业富强之道，于是告别父母，到杭州就读于杭垣纺织学校。

1911 年，辛亥革命的爆发让郏道生欢欣鼓舞，认为今后中国大有前途，因此不待毕业，就提前肄业回家，立志在家乡开创纺织业。

道生把自己的想法与父亲和弟弟说了。弟弟自然愿意跟随哥哥，但父亲的想法却复杂得多。私塾先生出身的他认为做人的本分是种田读书，学习纺织技术也可以到大城市里工作，从此做一个城里人。不想儿子现在又回到农村，且想在商贾云集的十里长街上办纺织厂。这个大胆的想法让父亲觉得郏道生简直在异想天开。

郏道生劝父亲："凡事起头难。头起好了，也就不难了。况且现在已经是民众的国家了，需要大力提倡实业。你不做，他不做，国家如何上得去？任何事，都要人去尝试。"

父亲一想，儿子毕竟在省城见过大世面，加上道生的话也不无道理，终于同意了。

但创业说得容易，做起来谈何容易，首先开办资金就是个大问题，郏家虽不为衣食愁，但要开纺织厂，就要置办价格昂贵的织机，一家人都为此犯难。正在此时，路桥大经织布厂的纺织机坏了，叫人修了几次，都没有修好，打听到马铺的郏道生读过专门的纺织学校，请他来看看，或许有什么办法。郏道生过来一看，发现原来只是个调试的问题，两三下就弄好了。大经织布厂的老板十分高兴，就高薪聘请郏道生负责技术工作。

普明织物厂旧址（路桥区博物馆 提供）

郏道生却表示，自己不要这么高的工资，只能暂时负责技术工作，因为他想自己办纺织厂。

大经的老板听完他的话，非但不忌惮，反而慷慨地说："工资不能少，这是你劳动所得；你想办纺织厂，可以随时离开。而且我有几台不能用的纺织机，放在那里占地方，你可以把好用的拿回去，我不要钱，这样你可以减少投资。"

可以说，大经的老板是郏道生创业路上的大贵人，而他之所以愿意帮助郏道生，除了这个年轻人读过书、技术好，更重要的原因，恐怕是喜欢郏道生爽直诚实的性格。

就这样，道生一面在大经织布厂工作，一面在马铺自己的家里利用大经老板送他的旧织机办起家庭作坊，让弟弟寿生负责。渐渐积累了一些本钱，道生兄弟又购置了五六台纺织机。郏道生觉得，到了他一展宏图实现梦想的时机了。

1919 年，郏道生辞掉大经织布厂的工作，在路桥河西头租了一间房子，添置了一台针织机，与妻子管美云开起了夫妻店，两人夜以继日地轮流生产卫生衣裤、手套、袜子等织品，加上弟弟郏寿生此时也成长起来，精通了技术，道生就把生产交给他管，自己的精力主要放在购销上，他们的产品开始畅销温、台等地，从而积累了第一桶金。

1921 年，郏道生终于实现了自己的梦想——在路桥十里长街繁华处办一家纺织厂。这座他不知梦想过多少回的厂房位于中桥北岸，取名为"普明织物厂"。经过几年的刻苦经营，普明织物厂迅速发展，拥有织机百余台。为了方便街民往来与织厂工人上班，道生兄弟还在官河上造了一座桥，命名为"郏家桥"。

为了讲求效益，普明织物厂实行质量计件工资制——凡达到质量标准的，生产数量越多，则报酬越多；又防止工人认为老板在计件中有意压低报酬，故在工厂年终结算后，拿出部分利润按全年计件量发放红利。这样一来，工人、老板之间的利益平衡，双方都满意。

其时第一次世界大战刚结束，正值大力提倡国货、发展民族工业之良机。道生精通纺织印染技术，及时培养出一批得力的助手及熟练的操作工人。由于管理得法，劳资关系协调，产品质量有保证，工作效率高，生产蒸蒸日上。此后，陆续增加织机，达数百台，一跃成为路桥最大的纺织厂。

业务虽然越做越大，但产品仍然供不应求。可普明厂的现有厂址在街上，南官河和周边居民住宅限制了工厂的扩建，没有发展的余地。郑道生在妻子管美云的建议下，想到了另一种扩产方式——厂外承包制。他们选择心灵手巧的女工，把织布机分发到她们家中，让她们按质按量定时交货，使女工照顾家务和生产两不误。这种模式受到了女工们的欢迎，附近的妇女也纷纷到有织机的人家学习，有些人家还自办了织机，为普明织物厂织布。就这样，不费一分钱，既解决了业务扩大后的需求，又为当地的百姓增加了许多副业收入，带动共同富裕，百姓叫好不迭。这么多年过去了，这种外包模式至今仍在许多路桥中小企业里流行。

郑道生安心开发新产品，普明织物厂的产品品种也越来越丰富：自由布、十字布、线呢、宽幅被单、提花织锦鞋面料、纱帐料、线毯、毛巾，还有不褪色印花产品等，以"福梅牌"为注册商标，广销省内外。

1919 年爆发的五四运动，极大地激发了中国民众的爱国意识，工商界人士也纷纷组织起来，开展了抵制日货、发扬国货的运动，这股风潮一直延续到抗战前夕。而其中最主要的一种形式，就是举办国货博览会。1928 年 10 月，上海举办"中华国货博览会"，一炮打响，随后，国民政府出台政策扶持国货展会，各地闻风而动，举办了一批规模较大的国货博览会，参加博览会一时成为国人的时尚，许多国货产品借由这个平台一举成名，打响了民族品牌。身处路桥的郑道生当然知道，参展对自己的"福梅牌"织品而言是一个走向全国的巨大机遇。

但当时全国纺织巨头集中在上海，虽然郑道生在上海也有企业，但要想在博览会上打败那些鼎鼎大名的大厂，只有在产品质量上下功夫，经过不断的技术革新和充足的准备，1935 年，郑道生郑重地带着自己工厂的产品参加全国工商博览会。于是，普明厂的"福梅牌"

产品获得一等奖章，这是普明织物厂最辉煌的时期。

普明织物厂"福梅"商标（路桥区博物馆 提供）

全面抗日战争期间，沿海遭日寇封锁，普明厂就地取材，坚持生产，还利用脱脂羊毛和棉花混纺，制出一种灰色制服呢，深受广大用户欢迎。当时，在全省同行业中普明厂堪称名牌，是一家历史悠久、产品优良的大厂，参观取经者不绝，不仅对路桥镇工业的发展有一定的促进作用，而且对那些后起的大厂如临海的大方厂、温州的孚华厂都有示范作用。

在经营纺织业同时，郏道生还开始"多元经营"，创办了"大生农场"，在老家前洋郏村种植了数十亩新品种"华盛顿脐橙"（又叫抱子橘），又在丫髻岩、畲岙、桐村等地经营数片山地，种植良种桃、梨、板栗、杨梅等果树，还出资购买了数百头耕牛、奶牛，采取"包牛到户"，增殖对分的办法，很受农户的欢迎。他同时奔走上海等地选购良种荷兰花白公牛，与本地黄牛进行杂交改良，希望提高产奶率，拟建厂发展乳品工业。

此外，他投资参加兴办黄泽椒公路汽车股份有限公司、温黄内河汽轮航运公司及浙江省垦殖公司、合胜钱庄、同昌绸布店、海门信孚药店、元化厂等。当时经营之广、积极性之高，为黄岩少见，郏道生走的是资本主义萌芽时期的实业救国之路，对发展民族工业、繁荣地方经济做出了一定的贡献。

抗战胜利后不久，其弟郏寿生辞世，普明厂失去臂助，加之币值猛跌，所经营各业陷入困境，尤其是原计划将手工机改为动力机的技术改造，障碍重重，难以实现。

郏道生兄弟俩关心公益，曾为创办路桥中学捐助学田七十余亩，并经常做些济贫赈灾之事。1949 年 1 月，郏道生曾化名郏新民，通过陈方清、方正、郏国森等同志之手向地下党椒南工委做过经济捐献。

新中国成立后，经过土改与工商业改造，普明厂公私合营为地方国营路桥棉织厂，郏道生还获得了由上海市卢湾区发给的人民代表大会选民证。晚年他在家也没有闲着，从事饲养新种鸡和鹌鹑等家禽，劳动不息，直到 1969 年 2 月在路桥病逝，享年 78 岁。

郏道生作为路桥土生土长的民营企业家，抱着一颗爱国爱乡的火热之心，对党的革命事业与路桥的制造业、农牧业、交通运输业、教育行业、慈善业等许多方面都做出了自己的贡献，不愧为现代的"路桥之子"。

（四）王逸之（现代）

路桥的爱国企业家不止郏道生、刘治雄等，王逸之也是其中一位工商界的豪杰。

1899 年 12 月，王逸之出生在路桥后王村的一户农家，他家世代务农，家中有薄田数亩，由于苛捐杂税，只够糊口而已，但是父亲还是咬着牙供儿子们读书。王逸之 12 岁时，父亲病故，仅靠母亲帮人缝补衣服维持生计，家境日益贫困，他只得从私塾辍学，下田参加劳动。

农田的劳动收入十分微薄。母亲对逸之说："逸之，我看这样下去也不是办法，你还是托哥哥介绍你去海门当个学徒吧。"王逸之同意了，长兄王梦庵就介绍他到海门（今椒江区）信永染厂做学徒，这年他 16 岁。

经过晚清杨晨等人对海门码头的经营，到了民国，海门已是浙东相当热闹的沿海小商埠，被称为"小上海"。信永染厂成立于 1914 年，为客户印染绸缎、哔叽及棉布等织物，是当时海门的第一大染厂，老板姓林，是洪家人。王逸之进入信永染厂后，就像打开了一扇人生的大门，眼界渐渐开阔，心中的人生目标也渐渐明晰起来。他知道，以他的底子，只有加倍学习才能在这"小上海"实现人生抱负。因此，他一面努力工作，掌握各种新兴技术，一面刻苦学习文化知识，打下扎实的文学基础。就这样，经过 17 年光阴，他从一个学徒变成一名熟练工人，又被提拔为车间班长，再后来，调到厂里管理技术，一步步成为信永染厂的骨干。

1931 年，信永染厂总号信远布店失火，殃及周边居民，老板涉讼，一度心灰意冷，意欲关闭信永染厂。厂子关闭，全厂工人都将失业，职工们个个担心。怎么办呢？此时王逸之在信永染厂已有一定根基和威望，大家不约而同一起来到逸之家里商量。

为了保住大家的工作，王逸之就代表全厂职工去找老板谈，力劝他不要关闭工厂。可是老板此时已经为火灾之事焦头烂额，觉得自身难保，任凭怎么劝说，死活不愿意再将企业办下去。

　　王逸之给大伙带来了这个令人失望的消息，几位厂里的老先生提出了一个主意，劝王逸之盘下信永染厂，因为他们信任王逸之的技术和能力，一定能把厂继续办好。起初这个大胆的想法让王逸之十分犹豫，因为信永染厂是海门最大的印染厂，而自己只是个技术管理，根本没有这么多资金接盘。但是，面对这么多把希望寄托在他身上的同事和职工，王逸之想到这些人的背后都是一个个家庭，这些劳苦工人不能就此失业，让全家生活失去着落。于是，经过反复考量，最后终于咬咬牙，以借款和工人入股的形式顶下了信永染厂，担任经理，改厂名为"信永洽记染厂"。

　　王逸之接管染厂后，致力经营，在原有基础上进行大刀阔斧的改、扩、建，他以前刻苦学习的知识在这时派上了大用场。他知道，时代在前进，只有拥抱新技术才能让染厂获得竞争力。染厂的改革必须从升级设备开始，他陆续购置了各种各样采用新技术的染织设备，如锅炉、轧光机、染机、上浆机、水泵及动力等设备，还引进了当时十分先进的蒸汽染色机，使该厂成为台州地区第一家使用蒸汽染色的工厂，后来又引进烧毛机、烘干机、轧平机等大型设备，并开发出化学印染不褪色的阴丹士林布等新品种，有职工 30 多人、染缸 62 口，经营范围与规模可与宁波的一些大染织厂相比，产品畅销台州各县及舟山、沈家门、石浦、乐清等地，在石浦港还设立了办事处。

　　王逸之从小家中贫困，年幼失学，深知穷人家子弟求学不易，从自己的人生经历出发，对青年工人的学习培训格外重视。他担任染厂经理后，即在厂中开办夜校，聘请教师，组织青年工人学习文化知识及各类专业知识，课本、笔纸均由厂里免费供给，他自己也参加教学。后来，其中有些青工学生在海门各界和上海化工界取得了一定的成就，这跟王逸之开办夜校给他们的教育是分不开的。

　　王逸之还亲自参与设计印染图案，他设计的图案与画匠们设计的图案不同，画匠们往往设计美丽的花鸟图案，逸之却常常设计农事与纺织图案。一次，他在自己设计的图案上题上了这样的诗句：

> 亦耘亦纺亦诗文，野趣闲情独让君。
> 黄犊一犁红杏雨，青猿千嶂绿溪云。
> 天寒不厌园蔬味，欲淡已无荣辱人。
> 我欲归耕还未得，客窗灯火感离群。
>
> 绿水青山直到门，槿篱茅舍自成村。
> 草封溪路无人至，花落地塘有梦痕。
> 竹径闲开眠白昼，豆棚新架坐黄昏。
> 斜阳曝背归来晚，舞彩堂前笑语温。

从这两首《题耘纺图》诗中，可见王逸之文学修养之高，甚至超出了一般文人的水准。

全面抗战前夕，日货充斥市场，对内地染厂冲击很大。为了维护民族资本，抵制日货，王逸之决定去上海开拓新的事业。1937 年 2 月，王逸之到上海开设了"新丰染厂"。但是，他没有想到，在新丰染厂刚刚开设后没多久，"八一三"淞沪会战爆发，新丰染厂被迫停业，损失惨重。1938 年，他经营的利和颜料行仓库又被日寇炮弹击中，全部物资毁于一旦。

上海沦陷后，在战争的阴影笼罩下，这些民族资本家失去了国家的保护，一切都像无根之萍，在时代的洪流中漂荡，无法主宰自己的命运。王逸之与朋友合股，把"新丰染厂"改为"求新漂染厂股份有限公司"，自己担任董事、厂长，负责全面生产。为了配合生产需要，他又积极投资发展染料生产，投资"新中"等染厂，独资开设"利和颜料号",还在海门开设"信和颜料号"等。1942年,王逸之在上海扶持郏其庚等同乡后辈开设"上海育发化工厂"(现上海试剂厂前身),担任董事长职务。

王逸之虽身处敌占区,却深怀着一颗爱国之心。当时,苏北新四军设立兵工厂,需要大量化工原料,秘密找到了在上海经营化工产品的王逸之。王逸之当即决定向苏北新四军提供化工物资,为抗日贡献自己的力量。1942年10月间,王逸之被上海日本宪兵队逮捕,关押半个多月,受尽各种严刑拷打,后经社会贤达作保才释放。

中华人民共和国成立后,王逸之重整旗鼓,创办了上海天和化工厂和上海大千化工厂。1955年底,首批全行公私合营,并入上海中联染料工厂(现为上海染料厂)。

(五)刘治雄(现代)

路桥酿造业历史悠久,在十里长街上,曾有不少酒酱老字号,远近闻名。20世纪30年代开设于路桥老马路、龙头王口的一利酿造厂,是路桥较早的股份制企业,董事长为罗英逊,总经理为刘治雄,厂长为解若冰。生产洛泗油、卫生油、大元酱、土黄酒等。

刘治雄是路桥镇人,他在筠美小学毕业后即偕堂弟去外地求学,读完定海公学初中班,18岁考入杭州省立一中理科,连任班组长三年。刘治雄在中学时代受到陶行知的"手脑并用"和学以致用的教育思想影响,树立了要善其身更要兼善天下的理念。当时学校采用英语课程教本,如《泰西五十轶事》《中国主要问题》(讨论如何开发祖国资源,振兴中华)及英译《三民主义》等,对他的人生理想影响很大。

他于21岁进上海光华大学化学系,在学校时受共产党员与进步思想的影响,目睹旧社会的黑暗与腐败,萌生了追求进步、追求光明的思想。24 岁毕业后，留沪任教三年余。

1936 年底，中日间形势已十分紧张，他原在日本留学的堂弟亦回国。九一八事变后，东北沦陷，后又发生淞沪会战。刘治雄感到上海非久留之地，在郏国森、卢英逊、解若冰的鼓动下，毅然回乡。他创建了一利酿造厂股份公司，采用科学新方法，以人工培养细菌发酵，做到优质高产、生产周期短、资金流转快、成本低等特点，促进旧酿造工业的改造。

一利厂创办后，刘治雄就聘请中共地下党负责人郏国森到厂里当会计主任，并陆续安排了其他一些地下党员和进步人士到厂工作，以职业为掩护进行革命活动。当时日军不断南侵。刘治雄对日本侵略者切齿痛恨，他以"国家兴亡，匹夫有责"的正义感，在路桥筹集资金购买武器弹药，发起组织游击队以抵抗侵略，保卫家乡，并请人做筹备工作，准备在黄岩西山区建立抗日游击根据地，后因反动势力破坏而未实现。

1941 年日军侵占浙东沿海后，刘治雄曾一度离厂去湖南国立师范学院任教，第二年又在一利厂电促下回到家乡。此时，一利厂有了一定的经济基础。中共地下党员郏国森为了发展抗日民族统一战线，开展抗日救亡运动，以路桥为中心，组织了一个青年救国会，当时经常来往的人很多，郏没有能力安排这许多人的膳宿，通过卢英逊、解若冰与刘治雄商量，就把这一班抗日人士的招待所设在一利厂里面。

刘治雄在 1942 年 10 月至 1943 年 8 月担任路桥镇长。他主持筹建了本镇的菜市场，当时资金不足，他决定由他自己负责的一利厂移垫三四万元（法币），始告建成。1943 年，他被推选为路桥镇商会会长，后又被选为消防会主任委员，添置机动消防器材。1944 年，在卢英逊、解若冰的支持下，刘治雄发起创设路桥私立中学，并由一利资助了一笔钱，当时刘治雄被推选为学校董事会的主要董事之一。

　　1945 年 2 月，刘治雄帮助郏国森设法恢复了停办多年的路桥明德小学，该校教师六七人，全由郏国森负责聘请，他们中有中共地下党员、进步青年，当时校址在路桥岳庙里，后因形势变化，恢复仅半年，又重新停办。当时经常有秘密来联络的人，路桥一利厂成了地下党的中心站，台农、台中一度被迫解散的"新青团"一班同志，都曾住在一利厂里面。地下党为了方便活动，筹备开设"路桥书店"，刘治雄就为这家书店提供了自己家的一间临街住房。该书店直到解放一直是地下党和进步学生经常活动的场所，并为社会读者和进步人士提供了许多进步书籍。

　　为了支援解放战争，郏国森等地下党员进行募捐筹款和购买弹药，有时就通过刘治雄的手办理。有一次，地下党有几位同志途经路桥向郏国森求援，郏经过刘治雄同意，由一利厂资助了一笔经费，缓解了当时队伍暂时的经济困境。

　　黄岩和平解放前夕，国民党浙保四团从温岭城关败退下来逃到路桥，当时人心惶惶，商店纷纷关门，形势十分紧张。刘治雄为了保护椒南地区地下党负责人郏国森等几人（隐蔽在他家）的安全，留在家里未走，不料有两个持枪的败兵把他找去后软禁，要路桥镇拿出五千银圆，否则要强抢。刘治雄考虑到当时的危险处境和路桥地区人民生命财产安全，与有关方面商量一致，地下党组织也叫他以商会会长身份出面筹备钱，把败兵应付过去，以免老百姓遭殃，当天就在 12 名持枪败兵的监视下，刘治雄向各大商家筹借了一千银圆交给他们一个班长带去，该团当夜即撤离路桥，去海门北岸后即宣告向解放军投诚起义。

　　刘治雄为家乡的化工事业做出重大贡献，于 1957 年进入路桥化工厂担任生产技术方面工作，仅半年时间就试制成功并正式投入生产供应出口的柏木脑、BPC 柏木油，特别是柏木脑产品质量超过英国，为我国出口产品在国际上增添了荣誉。此外，他还利用玉米芯试制成糠醛，质量达到国内先进水平。

1983 年，刘治雄获准去美探亲，他趁此机会参观了美国工厂，还到芝加哥西北大学图书馆和他外甥的研究室收集资料。美国的生活条件虽好，子侄辈又热情挽留，希望他在美安度晚年。但刘治雄看到中美间科技制造业的巨大差距，再也坐不住了，坚辞不留，提前回到祖国。

晚年的刘治雄老当益壮，更加勤奋地工作，帮助其子刘鹏创办有机化工厂。父子两人试制成功光刻胶，1979 年获省科技二等奖，1982 年应用于火箭发射，收到党中央、国务院、中央军委贺电。他被评为省劳动模范，并被推选担任黄岩县侨联二届委员、三届常委和县政协五届、六届常委，七届人民代表。

刘治雄（左）与其子刘鹏在研发产品（陈晓白 提供）

（六）其他

在路桥商贸历史长河中，各行各业还有许多杰出的代表人物，如清代顺治年间十里长街巨贾蔡克谨，字君实，路桥邮亭人，蔡庆映裔孙，志书上说他"富甲一郡"，其产业遍及临海、天台、黄岩、太平。蔡克谨虽为巨富，却不忘本，为人慷慨温恭，在家乡以"孝友"著称。顺治三年（1646年），台州遭遇大灾，蔡克谨拿出自家粮食饘粥施舍，救助了许许多多饥肠辘辘的灾民。他还曾经捐资修葺东岳庙、广福寺，知县赵晒对他进行了嘉奖。蔡克谨过世后，侍郎冯甦为他写墓志铭。如民国知名金融学家徐钧溪，毕业于日本帝国大学经济学系，曾任上海法科大学经济系主任、路桥中学第三任校长。编著有《货币论》《最新银行论》《银行概论》《实用银行簿记》等金融经济学著作。

徐钧溪像（路桥区博物馆 提供）

另外，有名有姓的知名商人如担任民国路桥自治所首任总董的"诗商"谢士骏，创办黄泽椒公路汽车股份有限公司的徐聘耕、黄慎五，创办黄椒汽船局的黄百诚，杨森记六陈米店的杨吕森，大德生酒酱号的蔡学标，蔡醴和糕饼店的蔡永芳、蔡永昌兄弟，蔡恒昌南北货店的蔡子钦，森玉珍南北货的森玉珍，林聚兴糖坊的林光禄，龚合兴肉皮店的龚华志，刘奚记炒货店的刘祖奚兄弟五人，萃昌咸货行的吴春舫，醉春园饭店的陈仙林，张文忠饭店的张文忠，杨顺兴蜜饯行栈的杨朋，廿五间蔡聚兴布店、李正昌布店和富国布店的蔡学贵、李正昌、张仁富，一心丝行的罗帮淼，蒋恒昌袜店的蒋载鑫，路桥张记冠头店的张继寿，吕大源铜器店的吕星泉，周泰成漆店的周松溪，阜大药店的金禹言，王信裕米厂的王氏五兄弟，等等。

改革开放后，作为第一个民营企业发展的先行区，路桥更是涌现出了许许多多优秀的路桥商人，对路桥商贸发展做出了巨大贡献。如吉利集团创始人李书福、三友集团创始人张小叔、腾达建设集团股份有限公司创始人叶洋友、台州银行创始人陈小军、浙江泰隆商业银行股份有限公司创始人王钧、路桥小商品批发市场开创者赵华福、金鹏化工创始人刘鹏等。

如今，改革开放后的第一代企业家或者顺利交棒，或者仍然活跃在经营一线，新一代的成功企业家和商人更是不断涌现，成为路桥社会经济发展的坚固基石和新兴力量。

这些穿越时空的闪亮名字不仅代表了一段段充满活力的商业传奇，也深植于当地社区的记忆之中，更成了启发未来路桥商人的宝贵历史财富。

第五章　商·道

——路桥传统商业模式与商业精神

在 1000 多年的商贸历史发展积淀下，路桥商人形成了自己的经商模式和价值观。他们坚韧不拔，崇尚诚信，义利相融，传承着路桥人特有的经商智慧，凝聚着商业文化的精髓，并在当下引领路桥区民营企业异军突起，创造了一个又一个传奇，使得路桥经济发展规模位列全省前列。"商亦有道"，这些优秀的商业基因在路桥人的血脉中流淌，继续激励着新一代的路桥商人，为路桥未来的繁荣和发展续写新的篇章。

一、传统商业模式

传统商业模式体现了丰富的商贸文化和历史，同时也反映了当地社会和经济的特点。虽然现代化已经改变了许多商业模式，但就像刻在骨子里的印记，其对地方商贸文化的传承仍发挥着深刻的影响。

（一）前店后埠（市场和物流）

由于路桥十里长街特有的河街格局，在临河一侧的商铺，往往采用"前店后埠"的模式。前门开铺，后门进货，充分利用南官河的货运便利。《路桥志略》载："路桥水运南至太平以达瓯闽，北达灵江以趋台越，东北走海门卫，轮船帆舶远通上申江以至都省。南官河上各种商船往来穿梭，三八集市日更是船多为患。"根据路桥老作家郑九蝉所述，十里长街临河，有大大小小的埠头多达数十处。其中较大的有七处：第一处在下洋殿，专门用来下粮船；第二处在河西，专门用于运桶、运桶料；第三处在山水泾口，专门用于往来小商品及客轮；第四处在卖芝桥，专门用来运输商品猪；第五处是郏家埠头，运送南北货及大宗货物；第六处在下里桥，专门用于上下木材；第七处在石曲塘桥，运送南北货。

长街旧影（金仁贵 摄）

首先，这种布局充分利用了南官河的地理优势，使商铺能够直接通过河流进行货物的进出。这样的安排不仅提高了物流效率，还降低了运输成本。商家可以通过后门直接装卸货物，减少了货物在陆地上的搬运时间和费用。

其次，"前店后埠"的模式使得路桥成为一个重要的商业和物流中心。据《路桥志略》所述，南官河是连接多个重要地区的水路，这使得路桥成了一个物流节点，吸引了大量的商船。特别是在集市日，船只的数量增多，进一步加强了路桥作为区域商业中心的地位。

此外，由于有众多的埠头，路桥处理各种类型的货物，包括粮食、小商品、木材等，这使得其物流业非常多元化。每个埠头专门处理特定类型的货物，提高了处理效率，也促进了不同商品类型的贸易。

前店后埠的模式不仅提高了路桥市场和物流业的效率，还增强了路桥作为一个重要商业和物流中心的地位。这种模式的成功，很大程度上依赖于地理位置和水路交通的优势。

前店后埠的传统布局为路桥打下了一个良好的市场基础。随着改革开放，这种传统基础设施得以进一步扩张和完善，促进了专业市场的迅速涌现。例如永跃村小商品市场的建设，就是在这种基础上发展起来的。

传统的前店后埠模式还促进了商品和服务的多样化，为改革开放后市场经济的多元化和专业化打下了基础。这种多元化和专业化在后来兴起的中国日用品商城、机电五金市场、台州数码城、方林汽车城及更多专业市场集群中得到了体现。

前店后埠模式的高效物流和便利的货物进出方式，培养了路桥商人超前的物流意识。随着河道航运的淡出，路桥建立了以公路为主要依托的物流中心，依托本地的台州机场和附近的海门港口，形成陆海空齐备的物流网，并在后来的台州铁路网建设中，争取到了以货运为主的台州南站落地路桥，为路桥专业市场提供了有效的运输和分销支持。这种高效的物流系统吸引了全国各地的客商，进一步推动了市场的发展。

前店后埠的传统商业模式为路桥市场群的兴起提供了坚实的基础，促进了地方经济的多元化、专业化及市场基础设施的发展。

（二）前店后厂（工商并举）

路桥工商并举的传统源远流长，早在汉六朝时期，路桥先民就已在桐屿埠头堂一带烧造出成熟瓷器，且具备一定的规模，并通过附近港口运输至章安古港，销售到海内外。桐屿窑址是目前台州沿海发现的最早的青瓷制造和贸易中心，堪称台州古代工商业的滥觞之地。

从唐宋到民国，路桥沿海的盐帮也一直采用生产销售结合的模式，最具代表性的就是方国珍家族，方家以制盐贩盐为业，成为台州沿海拥有一定势力和威望的盐商。方国珍占据浙东后，保境安民，但牢牢把控海上贸易路线，把家乡生产的土产源源不断输出到日本、朝鲜等国。

从清代中叶到民国，以土布丝绢为代表，也大量采用这种商业模式。横街、下梁等地作为台州土布土绢的生产基地，每逢横街、洋屿殿市日，本地织户、外地行商与本地小贩，均到集市购销。街面上，只见人头攒动，摩肩接踵，挨挨挤挤，喧哗不已。行贩们沿街看货收买，将购来的白绢、拷绢、土布成批运往温州，再出口至东南亚各国。织户们卖掉绢后，再到行中购买生丝或蚕茧，回来又织成绢。如洋屿殿西南的向西陈村有一巨富，叫陈曼卿，背靠横街土布生产基地，在温州五马街开设协泰商行，销售路桥拷绢与土布，后又陆续增设协茂、协义、协顺等共5家。

十里长街上的许多丝行布店，也采取工商并举的模式。1916年，路桥"小木年"（厂号）以木机生产毛巾，开创了路桥近代工业之始，其在长街上开有店铺，并在《申报》等大报上刊登广告，路桥本土产品打开了上海大城市的销路。后来，经过郏道生、刘治雄等人的创业经营实践，工商并举的模式促进了长街现代工商业体系快速形成。时人描写十里长街，有"远厂机声街市语"之句，这是路桥工商并举的生动写照，也成为当时十里长街的独特景致。

1923 年，路桥少木兄弟毛巾公司在《申报》上做广告

　　正是因为路桥工商并举模式的发达，清代至民国初年，以路桥镇为中心，形成了许多生产专业村，如河西木器、桐屿草席、横街布绢等。这些专业村通过集中特定产业的生产活动，可以实现生产规模化和专业化。这种集中不仅提高了生产效率，还降低了成本，使得产品在市场上更具竞争力。同时，积累了丰富的行业经验和技术知识。在这种环境下，技术创新和改进更易于实现。这些村落也成为技能和手

艺传承的重要场所，提供了大量就业机会，保留和发扬了传统手工艺和生产技术。比如罗宝书、郑道生等商人，就曾大量招收当地妇女进行培训、从事生产。大量商品生产专业村的存在，才让路桥的商贸业有了坚实的基底和后盾。

党的十一届三中全会拉开了改革开放的大幕，路桥开全国之先河，创办小商品市场，全国各地的客商蜂拥而来，在路桥采购价廉物美的商品，进一步促进了本地加工业的迅速发展，专业村也越来越多，越来越丰富，在这种浓厚的工商并举的土壤里，路桥现代制造业开始崛起。

工商结合、产销一体的模式，能有效利用当地资源，减少中间环节，提高资源使用效率，使得生产者能够直接接触市场，快速响应市场变化，及时调整生产策略，推出适应消费者需求的产品。工商并举模式在路桥商贸文化中的地位不仅体现在其经济效益和市场适应性，更体现在其对当地文化传统和社会发展的深远影响。这一模式不仅促进了产业的发展和经济的繁荣，还成为路桥地区文化认同和历史传承的重要组成部分。

（三）四方货郎

从古至今，路桥一直是商贸重镇，路桥人思维敏捷，商业意识特强，善于经营，又敢于闯荡，自古就有"货郎走四方"的文化，干的是传统"鸡毛换糖"的小本生意，当地称"挑糖担的"。新中国成立后直至改革开放初期，路桥走四方的货郎很多，20世纪50、60年代，光峰江一地，就有上千副这种糖担。"遍地开花"模式正是起源于路桥地区传统的货郎文化。

路桥货郎们背负着担子，穿梭于城乡之间，从微不足道的小生意做起，不计较职业是否体面，不计较苦累险，不怕被人瞧不起，在他们心里，赚钱才是硬道理。不少后来叱咤风云的路桥民营企业家，都是靠修鞋、挑糖担等不起眼的活计积累了起始资金，包括吉利集团创始人李书福，最初也曾经带着他 120 元买的照相机，沿街走巷给人拍照赚到了第一桶金。他们将商品和服务从一地带到另一地，对地方经济的发展起到了积极的推动作用。他们的勤劳与坚持，成了路桥经济发展的重要推手。这不仅反映了货郎们不畏艰辛、勇于创业的态度，也体现了路桥人面对挑战时的坚韧和创新精神。

路桥"敲糖"贩（张崇生 摄）

进入改革开放时期，路桥地区的"货郎模式"开始发生变化。从最初的个体流动商贩，逐渐转向了更为集中和规模化的商业模式。比如路桥的"露水市场"就是一个很好的例子。这种市场的出现，不仅促进了商品的流通，还为路桥小商品市场的发展奠定了基础。

路桥商人在长期的发展历程中，形成了一种面对现实、自强不息的精神。无论是在高度集中的计划经济年代，还是在改革开放的新时期，他们都敢于做别人不愿意做的事情，勇于挑战困难和未知。叶洋友和他的工程队就是一个典型的例子。

1972年，不甘贫穷的路桥人叶洋友带领16位村民，组建了工程队，成为建筑业的"货郎"。当时他们的全部家当是16根扁担和叶洋友借来的200元钱，以及唯一一辆用来跑业务的自行车。他们接活从来不挑，只要有钱赚，再苦再累也会干。正是有了良好的口碑，工程队的业务蒸蒸日上。

1984年下半年，叶洋友率领公司由杭州转战上海，但在大上海，有实力的工程队多如牛毛，叶洋友只能从接一些土建工程的零碎活起步。当年被列为"市长工程"的上海控江排水工程和虹镇排水工程，因为活难干、利润薄，几乎没人愿意接手。叶洋友主动揽下了这个"烫手山芋"，但在施工时才发现这两个地方的地下电缆、各种管道铺设位置无任何图纸可供参照，施工难度大得超出想象。但叶洋友带领工友们凭着坚韧不拔的毅力，硬是用原始的土工作业，啃下了这块"硬骨头"。自此，他的工程队在上海一炮打响，真正敲开了上海市政工程建设的大门。

正是有叶洋友这样的路桥现代"货郎"，路桥商贸的触角才得以延伸出去，从北国边城到南海小镇，从西部戈壁到东海之滨，路桥商人凭着坚韧与诚信，带着海洋文化赋予的敢闯敢干的文化传统，和不畏艰辛、百折不挠的吃苦精神，从生于斯长于斯的故土，像雨后的青藤一般迅速生长，将枝蔓延伸到全国各地，并走出国门。他们擅长以小博大，扎根之处，遍地开花。至今，路桥商人已在上海、北京、重庆等13个地区建立了异地路桥商会。

今天的路桥，"货郎模式"早已转变为更加多元化的经济形态。电商、直播等新时代"货郎"在路桥同样"遍地开花"，成为路桥商贸业新的增长点。他们既保留了传统货郎精神中的坚韧和勤劳，又融入了现代商业的创新和灵活，不仅促进了经济的快速发展，也成了路桥新时代商贸文化的一个重要标志。

总结来说，遍地开花的"货郎模式"是路桥经济和文化历史的缩影。它不仅体现了路桥商人对传统的继承和发扬，也展现了他们面对新时代挑战时的创新和适应。这种精神，将继续引领路桥在未来的发展道路上不断前进。

（四）"无中生有"（创新与资源）

"无中生有"的商业模式体现为从看似不可能的条件或局限中创造商业机会和价值。路桥区域的商贸文化与其"无中生有"的商业模式紧密相连，这种模式不仅体现了路桥商人的创新精神和资源整合能力，而且反映了其适应和转化外部条件的能力，以创造商业机会和价值。路桥商人不会"死脑筋"，善于"与时俱变"，"无中生有"。

这种模式在路桥的历史发展中有着显著的例证，从清代中期的布绢贸易到近现代的小商品经济，再到改革开放后的民营企业兴起，路桥商人通过不断的创新和资源整合，推动了地区经济的发展。

据《路桥志略》记载，路桥虽不产蚕丝，但所出的丝绸布匹畅销温州、福建等地，只因路桥人采用"无中生有"的商业模式，从杭嘉湖地区大量采购蚕丝原料，连夜纺织成绸，清晨即销往温州、福建等地，且质量不比杭嘉湖地区的差，品质精美，品种繁多，并在清代产生了曾经作贡品的拷绢，可见路桥人善于利用地理位置优势，具有扬长避短、创新聪慧的品格。这不仅体现了路桥商人对资源的敏锐把握和有效利用，还反映了其在没有现成资源条件下的创新能力。这种经营方式，利用地理位置优势，通过整合外部资源，实现了产品价值的最大化，使路桥在清代至民国成为台州重要的一个布绸生产和贸易中心。

路桥小商品市场内旧影（路桥区博物馆 提供）

在晚清时期，路桥商人开风气之先河，率先打破封闭思维，积极引进西药、洋布、钟表等"洋货"，一度成为台州进口货物的集散中心。改革开放初期，路桥人又成为中国小商品经济和民营股份制企业的发源地之一，灵活开放的思想和善于"无中生有"的经济模式给予了路桥商业蓬勃的生命力和创造力，在不具备现代交通优势、资源优势的条件下，创造出一个又一个的经济奇迹。

改革开放初期，路桥地区成为中国小商品经济和民营股份制企业的发源地之一。面对资源和交通的不足，路桥人通过灵活开放的思想和创新的商业模式，率先创办路桥小商品市场，"买全国，卖全国"，闻名遐迩，甚至启发了现在成为"国际小商品之都"的义乌的经营思路，不仅成功转型，还创造了经济奇迹。"买全国，卖全国"的策略体现了路桥商人在资源整合方面的高超技巧，他们不仅将全国各地的小商品集中起来，还通过有效的分销和零售策略，将这些商品销售到全省乃至全国各地。这种能力，是路桥商贸文化"无中生有"模式的核心。这一阶段的发展不仅体现了路桥商人"无中生有"的商业智慧，展现了路桥商人在面对资源和环境限制时的创新能力、资源整合能力与适应变化的能力，以及敢于先行先试的精神，极大地推动了当地商贸的发展；还通过不断探索和利用现有资源和条件，创造了独特的商业机遇，为区域经济的繁荣和多样化做出了重要贡献，对整个地区的经济发展起到了关键的推动作用。

路桥的"无中生有"商业模式的成功，证明了在全球化和市场经济条件下，具备创新思维和资源整合能力的路桥商人能够在不断变化的市场中找到生存和发展的空间。

（五）变废为宝（循环绿色经济）

变废为宝是一种循环经济模式，指通过科技手段或创新方法，将废弃物转化为有价值的资源。这种模式包括废物的回收、再利用、转化等环节，不仅减少了废物的排放，而且节约了资源，促进了经济的可持续发展。

而当代"变废为宝"最典型的莫过于"金属资源再生"产业，路桥没有矿山，却成为"国家城市矿产示范基地"，业务范围辐射到江苏、广东、福建等十多个省份。

路桥从20世纪70年代后期起就开办了机械、五金等小工厂。但是，在计划经济体制下，工厂所需要的机械、设备和钢、铝、铜等金属材料无法解决。有人就外出收购废旧钢铁、铝、铜材和塑料、橡胶等废旧物资，运回本地，成了"抢手货"。于是，便有更多的人到全国各地以低廉的价格购买报废的机床、电机、汽车、船只乃至境外的飞机、坦克零部件，千辛万苦地运回来，大拆大卸，转卖给小厂。这样，逐步形成一定规模的拆卸业，进而派生出一定规模的旧钢铁市场。当时整个国家还是计划经济体制，这些物资属于国家调拨的重要生产资料。民营厂家"等米下锅"，派出人马四处搜寻原材料，这时，峰江等地歇业多年的"糖担"行动起来，同时又有许多人新加入这个行列，在县内外搜罗废旧钢铁、铜、铝等有色金属和塑料、橡胶等生产物资。自 20 世纪 80 年代以来，随着改革开放的深入推进，当时还是建制镇的路桥经历了快速的经济发展和民营企业的兴起，企业对钢铁、铜、铝等有色金属等原材料的需求大大增加。在这一过程中，二手市场的兴起不仅促进了当地经济的发展，还形成了具有路桥特色的"变废为宝"商业模式。随着当地民营工业的迅速发展，对原料的需求不断扩大，参加搜罗的人越来越多，搜罗范围也越来越大，北上杭州、上海，西去金华、江西，南下温州、福建。在大江南北一大批大中城市里，各种厂矿企业里，都有路桥峰江人的身影。他们从当地大大小小的库房里、堆场上，甚至垃圾场里，拣出来、买回来一台台废旧机床、报废的电机、汽车，甚至从苏联等地弄回报废的机床、飞机发动机和导弹弹头等物资，千里迢迢送回路桥，进行拆解再生。之后，再生金属产业在路桥迅猛发展，带来了大量的金属原材料，被称为"城市矿山"。后来，又顺应时代需求，建立了高环保标准的台州市金属资源再生产业基地，如今，这里已成为中国再生金属最优的集散地、中国再生金属最佳的原料仓。盘点手中的优势资源，路桥商人又借力城市构建高能级开放平台，迈出了"买全球，卖全球"的一步。目前，台州市金属资源再生产业基地现有企业 138 家，其中金属再生相关企业 92 家，拥有两家上市公司。此外，路桥人手中有一张很大的回收网：在欧美国家布局回收站点约 260 个，东南亚国家约

160 个，日韩约 30 个，掌握了日本、韩国、马来西亚、越南等国近 80% 的回收量，在国内广东、福建、湖北、四川、新疆等十多个省份也有近 200 个回收站点。2022 年，路桥再生有色金属原料回收和进口实现双增长，形成"国内为主，进口补充"的格局。

在路桥市场早期格局中，旧钢铁市场就紧随着金属拆解业发展应运而生，是路桥二手市场中最早兴起的部分，一度成为浙江省规模最大的钢铁市场。由于工业化进程的加速，大量废旧钢铁资源的产生和积累，为旧钢铁市场提供了丰富的物资来源。路桥利用其地理和交通优势，吸引了大量的废旧金属回收商和加工企业，形成了一定规模的旧钢铁市场。这些市场不仅满足了企业对废旧金属资源的需求，也促进了资源的循环利用，再一次体现了"变废为宝"的商业理念。

旧货市场的形成，是路桥二手市场历史发展的又一重要方面。旧货市场起源于改革开放之前的跳蚤市场和露水市场，进入 20 世纪 80 年代后，随着电子产品更新换代的加速，以旧家用电器为主，涵盖旧商用设备、旧家居等多种旧货商品的市场应运而生，还产生了专门的旧电器回收和处理中心，不仅为消费者提供了处理旧电器的渠道，还通过维修、翻新等手段，将旧电器转化为再生资源，既满足了低收入群体、个体创业者的需求，也为追求个性化、特色商品的消费者提供了选择。这一模式延长了电器产品的使用周期，减少了电子垃圾对环境的影响，是"变废为宝"商业模式的具体体现。旧货市场的兴起，不仅促进了资源的再利用，减少了环境污染，还带动了当地的小微企业和个体户的发展，成为路桥商贸文化中不可或缺的一部分。

进入新世纪以后，路桥着力打造"现代汽车城"，方林二手车市场基于方林汽车城的成功，逐渐成为路桥区二手市场的又一个重要组成部分，发展至今，以其规模大、交易活跃而著称。方林二手车市场通过建立严格的二手车评估和认证体系，保证了交易的透明度和公正性，为买卖双方提供了可靠的服务。这一模式不仅推动了二手车市场的健康发展，也为汽车循环经济的形成提供了范例。

路桥自20世纪80年代以来的二手市场兴起和"变废为宝"商业模式的形成，是其商贸文化发展的重要表现。通过对废旧物资的有效回收和再利用，路桥不仅促进了资源的节约和环境的保护，也推动了当地经济的发展和社会的进步。这一模式的成功，为其他地区提供了可借鉴的经验，也使路桥成为循环经济和绿色发展的典范。

（六）赊销赊购（诚信与金融）

商品贸易离不开市场，路桥的集市历史悠久，从北宋的新安草市开始，历经千年而不衰。路桥市场是定期的常集和全天候的常市结合体。这样既可以有效地组织周边货物在特定时间集聚交易，又可以常年经销。路桥本街以三、八为市，长街南端的石曲则以五、十为市，加起来一个月有十二个大市。每逢集市，四面八方的客商汇聚在路桥做买卖。路桥的集市最出名的两个方式，就是"赊销赊购"与"寄店售货"。

"赊销赊购"方式允许买卖双方建立信任关系。卖家允许买家先拿走商品，然后在一定期限内付款。这种互信使交易更容易进行。尤其是在没有现代金融体系的时代，这种模式还有助于解决批发商可能没有足够现金的问题，因此能够更轻松地购买货品，卖家也因此扩大了业务。"寄店售货"方式允许供应商将商品放置在集市上的店铺中，而不需要自己亲自在现场销售。这种模式节省了时间和精力，同时也降低了风险，因为商品不需要随身携带。对买家来说，他们可以在不同的店铺中浏览商品，有更多的选择，提高了购物的便利性。

如民国时位于十里长街廿五间口的"一心丝行"，老板罗帮森，路桥中庄人，数代开设拷绢作坊，对蚕丝的优劣十分内行。"一心丝行"汇集了黄岩县南乡生产的"下浦陈丝"、西乡生产的"六都丝"，还有"新昌丝""诸暨丝"等产品。针对卖丝者因在集市日货物没卖完而无处寄存或者运回不便的烦恼，他采用先以较便宜的价格买下未卖完的蚕丝，再在半月后付清货款的方式。由于罗帮森信用良好，原定半个月的货款往往一周就能付清，很得丝贩们的信任，生意越做越好。这是集市和常市相结合的商业范例。

新中国成立前，路桥街各商家多有发放"金折"的习惯，即商家对有信用的主顾赊欠购物款，采取双重记账法，除了店主自家有账外，每年年初，要给光顾本店的常客发送记账折子，这种记载一年中店家与顾客经济往来的折子叫作"金折"，登记买卖事项的方式叫"上金折"。

"上金折"之所以能够流行，一是方便。顾客只要持有某店号的金折，随时可以赊取自己需要的货物。因该折子可用一年，顾客平时不必担忧店家讨账。紧俏货源，商家也优先供应持折主顾。二是商家发出金折越多，表明生意越兴隆。而且，商家一般把利息打入购货款记账，年底收取。顾客如果年底不能完全偿还，不仅得不到下年金折优待，其拖欠部分还将视作高利贷处理。

像此类"赊销赊购"与"寄店售货"的方式，建立在路桥商人的诚信基础上，一直延续到改革开放后的小商品市场，许多在路桥交易的商户都是先拿货，等下次进货再结清上批货的货款，已经成为约定俗成的诚信规则。

在现代金融体系出现之前，"赊销赊购"模式实际上是路桥商贸业一种基于诚信的交易方式。这种模式要求买卖双方建立信任关系，卖家凭借对买家的信任先发货后收款。这与钱庄、当铺等机构的运作有相似之处，因为它们也是基于对客户信用的评估来提供服务，如发放贷款、兑换货币等。

　　"赊销赊购"模式通过允许延期支付来帮助商家和顾客解决资金流动性的问题。在没有现代银行系统的时代，钱庄、当铺等金融机构通过提供贷款、兑换等服务，也在一定程度上缓解了社会的资金流动性问题。

　　"赊销赊购"模式通过扩大交易和促进货物流通，对市场经济的发展起到了推动作用。类似地，钱庄、当铺等早期金融机构通过提供金融服务，如资金借贷、货币兑换等，也促进了经济活动的增长和市场的繁荣。

　　在"赊销赊购"模式中，卖家承担了一定的信用风险，因为买家可能违约不付款。这要求卖家对买家的信用进行评估，所以产生了金折等形式。类似地，钱庄、当铺在提供贷款或其他服务时，也需要对客户的信用状况进行评估，以管理风险。

　　路桥长期的"赊销赊购"实践为钱庄、当铺等金融机构的出现和发展提供了土壤。随着商业活动的增加和复杂化，对更为专业和系统化的金融服务的需求增长，从而促进了早期金融业务的发展和完善。据民国资料记载，路桥廿五间附近，钱庄当铺林立，黄岩县的金融机构，有约三分之二开设于路桥。

　　"赊销赊购"模式不仅是一种商业交易方式，也在路桥早期金融系统发展中扮演了重要角色，为现代金融体系的建立奠定了基础，最终孕育并催生了路桥实力雄厚的民营银行集群。如今，路桥是全国唯一拥有台州银行、浙江泰隆商业银行和路桥农商银行、路桥富民村镇银行4家地方法人银行的县级区，成为全国民营金融业典范。

二、商业精神

　　路桥商业精神，源自千年商贸文化积淀，以"草商、睿商、和商、儒商、义商"五维传承，展现出独特价值。草商，勤俭创业，敢闯顽强；睿商，开放思维，洞悉商机；和商，团结协作，和气生财；儒商，务实利民，崇德守正；义商，爱国助人，义利并举。路桥商人将经济利益与社会责任融合，以创业为表，以家国为魂，书写着光辉的商业篇章。

（一）草商（白天当老板，晚上睡地板）

路桥商人从草根起家，商贩立业，自古以勤著称，喜欢实干，在实干中发挥创造力和能动性。他们最相信的往往是自己，而不依赖他人。当一个产业兴起时，路桥人可以夜以继日地干，比如清朝中期至民国早期，洋屿一带的土布产业，发动了几乎所有的当地妇女参与生产，日夜纺织，使路桥成为远近闻名的土布中心。

又如民国路桥印染业商人王逸之，出身贫寒，进入信永染厂当学徒工，他一面努力工作，掌握各种新兴技术，一面刻苦学习文化知识，打下扎实的文学基础。就这样，经过 17 年光阴，他从一个学徒变成一名熟练工人，又被提拔为车间班长，再后来，调到厂里管理技术，一步步成为信永染厂的骨干。后来接管信永染厂，引进新技术，使该厂成为台州地区第一家使用蒸汽染色的工厂，并开发出化学印染不褪色的阴丹士林布等新品种，产品畅销台州各县及舟山、沈家门、石浦、乐清等地。最后成功在上海滩开办数家染厂，成为染业巨子。

路桥人商人敢于冒险，这份勇气与信念深深地根植进了他们的性格与血液之中。改革开放前，路桥区还是一个贫困地区，这里的老百姓除了种植水稻，农闲时悄悄做一些地下的小生意，赚些小钱补贴家用。20 世纪 70 年代末，路桥就出现"拨浪鼓"敲白糖换"破烂"，足迹遍布浙江省及周边省市，比义乌"拨浪鼓"还要早，半地下的"露水市场"应运而生，继而搭起简易棚，棚中以水泥五孔板做铺面平台，开始把在全国各地敲白糖换来的"破烂"进行交易，形成路桥小商品市场的最初情形。20 世纪 80 年代初，路桥人就已经开始办市场，还出现了股份合作制企业。路桥人这种勤劳智慧、艰苦创业、敢为人先、顽强坚韧、锐意进取的"草商"精神，始终是推动经济发展和事业前进的强大动力。

（二）睿商（路桥人"头发忖空心"①）

明者因时而变，智者随事而制。商场如战场，发现商机是一个商人成功最重要的因素之一。路桥区作为千年商埠，路桥商人具有开放式的思维，天生就具备发现商机、抓住商机的能力。在水乡环境下成长的路桥商人，能很好地与人共情，也比较机智敏捷。他们不会"死脑筋"，而喜欢"与时俱变""无中生有"。据《路桥志略》记载，路桥虽不产蚕丝，但所出的丝绸布匹畅销温州、福建等地，只因路桥人善于"无中生有"，从杭嘉湖地区大量采购蚕丝原料，连夜纺织成绸，清晨即销往各地，且质量不比杭嘉湖地区的差，可见其勤劳聪慧的品格。在晚清时期，路桥商人开风气之先河，率先打破封闭思维，积极引进西药、洋布、钟表等"洋货"，一度成为台州进口货物的集散中心。改革开放初期，路桥人又成为中国小商品经济和股份制企业的发源地之一，灵活开放的思想给予了路桥商业蓬勃的生命力和创造力。而当代"无中生有"最典型的莫过于"金属资源再生"产业，路桥没有矿山，却成为"国家城市矿产示范基地"，业务范围辐射到江苏、广东、福建等十多个省份。

比如吉利集团创始人李书福，19 岁时拿着从父亲那里借来的钱

---

① 头发忖空心：形容脑子很灵活，什么事都能想到，所以适合做生意。

买的虎丘相机，实现了他的第一个梦想——开一家照相馆，要像虎丘牌照相机一样，干出一番"彪炳"的事业。这在当时很多人看来是不可思议的。一台虎丘照相机要 80 元，一台照相馆专用的座式照相机需要 3000 元，而 1982 年，浙江省省内平均年工资是 720 元。很多人想都不敢想用几年的工资买一台照相机，但是李书福不仅敢想，还敢做。没有钱买相机，他就自己做。他在一个铁盒子里面装上自制的齿轮、快门和暗箱室，接着再装上"皮老虎"和镜头组，一台看着怪怪的相机就"诞生"了。在所有人还惊奇照相机能拍出彩色相片的时候，李书福已经靠着这样的一台相机开始经营照相馆了。

1979 年，满怀信心走南闯北的张小叔，在与一位纺织行业业务员闲聊时，捕捉到全国纺织行业将把木质纱管全部改为塑料纱管的信息。"国内大大小小的纺织厂有上千家，每家企业都要更换纱管，数量可想而知。"他立马抓住这个机会，决定生产纺织器材——塑料经纬纱管。不过，在当时，他一没技术，二没设备，只有在上海了解到的零星的制作纺织器材的知识和带回来的样品。因此，张小叔当机立断带着厂里的 3 个人到上海的一家国有企业进行全程跟班学习，由他全面负责，一个人负责学习注塑机，两个人负责学习加工，整整三个月后终于学到了一套纱管生产的原理、工艺。

（三）和商（和气生财，生意自来）

"和商"精神是路桥企业家的一大特质。求生存的过程中，路桥人也朴素地认识到，单靠个人无法生存，只有强调团队协作，强调"亲帮亲""邻帮邻"，才能共渡难关。征服大海，需要全船的人通力合作，不计荣辱，同舟共济；征服大山，需要群体的齐心协力；路桥历史上多强盗倭寇，更需要生死与共，"一方有难，八方支援"。因此"和商"贯穿在路桥人的日常生产、生活过程中，成为路桥人的文化基因。正是这种千百年历史沉淀下来的和合文化，使路桥商人成为"敢冒险、有硬气、善创造、能包容"的坚韧群体。

早在光绪年间，路桥就组建了台州第一家商会，规范行业和商业行为，商会在一定程度上成为商人间的仲裁组织。路桥商人讲究诚信，在经商时往往先赊货物，卖完再结账。历史上，路桥的"基层自治能力"一直走在全国前列，以路桥商人士绅为主体，秉承"义利并举"的思想，以契约精神为纽带，建立了诸多慈善公益机构和自治组织，民国初年，就在全国组建了第一个"自治研究所"。

长街店铺林立，同行之间难免竞争激烈。但是，大多同行老字号却和睦相处，谨守商道，许多老板还是无话不说的朋友。20 世纪 30年代初，路桥中桥蔡裕昌南北货店隔壁有一家"大德生"酒酱号（新中国成立以后并入路桥烟酒商店）。老板是外地人，名叫蔡学标。店里主要卖酒酱腐乳、酱油、醋和麻油等，商品货真价实，买卖公道。大德生隔壁蔡裕昌南北货店除经营南北货外，还经营老酒生意，蔡学标的父亲碰到隔壁的老板蔡兼谷，对他说："老先生，我是客地人，到路桥混口饭吃，我店里卖酒，你也卖酒，恐怕多少会影响贵号的生意，请多包涵。"蔡兼谷大笑着说："店多能立市，生意自做自，不要介意，何况你也姓蔡，我不会嫉妒的。"隔壁蔡裕昌家设有酒坊，老酒是自己造的，成本较低廉，但他家也不压低酒价，售价和大德生相同，公平竞争。大德生经营的大元酱、酱油、腐乳等，隔壁是没有的。蔡裕昌对寺、庙、观、庵的修行人来买南北货时，还加以介绍。两家相处和睦，从不和隔壁争生意，各人做各人的买卖，谁也不欺负谁。

民国时期，十里长街的繁华地段廿五间，同时开设有蔡聚兴布店、李正昌布店和富国布店，三家布店也是诚信经商，公平竞争，从不说对方坏话，把声誉放在经商的第一位，为路桥商业繁荣增色不少。

又如蔡福昌糕饼店的老板娘，也是一个心地善良、乐于助人的好心人。当年粮食为"宝中宝"，穷百姓家中经常有上顿没有下顿，贫穷人家的哺乳小孩常因缺乳而夜啼。老板娘知道后，就把自家做糕饼剩下的粉料加上花岑、米仁等磨成"米糊粉"，送给缺乳婴孩家，左右邻居对她评价很好。

这些商人虽然不是名商大贾，但真切地反映了路桥商人以和为贵、和气生财的"和商"精神。

（四）儒商（做到老，学到老）

路桥自古重商，"讲究实效，注重功利"的功利主义价值取向是路桥传统文化精神的一个显著特点。在路桥历史上，一些著名的政治家和思想家都提出过许多有利于经济发展的思想主张，形成了一种讲实效、注重功利的精神传统。其中南宋以后兴起的浙东事功学派中以叶适为代表的永嘉学派在这一点上表现得尤为明显。罢职还乡后，尝寓居螺洋的叶适办学授业。叶适讲究"功利之学"，认为"既无功利，则道义者乃无用之虚语"，明确提出"以利和义，不以义抑利"（《学习纪言》卷二十七）；主张"通商惠工，以国家之力扶持商贾，流通货币"（《学习纪言》卷二十三），反对传统的"重本抑末"，即只重农业、轻视工商的政策，倡导士农工商，四民相互为用，缺一不可；培养出陈耆卿、吴子良、丁希亮等许多名士，对台州学术界、商业界影响颇大。叶适的财富观和价值观对于塑造路桥商人和企业家的求富品格具有重要意义。杨晨继承了叶适的思想，他晚年归乡，一边创办实业，一边著书立作，成为台州历史上著名的儒商代表。民国时期，以谢士骏、刘治雄等人为代表的儒商，更是成为路桥商人的杰出人物。谢士骏以经营酒业和粮米为业，还曾担任自治会总董、善会会长等社会职务，组建月河诗钟社，在商人和文人之间灵活跳跃，各种身份相融相生。再比如化工专家、光华大学刘治雄，毕业于上海光华大学化学系，翌年在该大学实验中学与上海惠中中学任教，回乡创办路桥著名的一利酿造厂，还担任过路桥商会会长。在退休后赴美参观了美国工厂，到芝加哥西北大学图书馆和他外甥的研究室收集资料。晚年的刘治雄老当益壮，更加勤奋地工作，帮助其子刘鹏创办有机化工厂，父子两人试制成功光刻胶。

当代的儒商就更多了，如李书福，家里兄弟姐妹5个，年少的李书福很聪明，学习又认真，成绩一直名列前茅。在高中毕业后选择创业，但在1989年毅然把企业捐给国家，南下深圳求学深造。后来再次创业。他大力投资教育事业，创办吉利大学等多所学校，为国家培养应用型人才。刘鹏虽然没有上过大学，但毕生都在学习，不断研发新产品，成果得到国家部委的嘉奖，还钻研市场理论，撰写多篇论文，并创办市场研究理论刊物，被杭州大学授予教授之职，获得"世界杰出华商"殊荣。八环轴承的创始人戴学利，是中国人民大学的高材生，有过教师生涯。

在路桥当代商人群体中，大专以上学历者比比皆是。有一部分企业家虽然第一学历不高，但都是终身学习者，他们秉持"工匠精神"，不断钻研新产品和管理技术，有些甚至成为兼职教授，积极回报社会，成为"新儒商"。而新生代企业家，绝大部分都是高学历者，不少毕业于国内外名校，其中不乏拥有硕士和博士学位的高层次人才。

（五）义商（万贯家财不算富，一分仁义值千金）

以南宋叶适为代表的永嘉学派推行"通商惠工，经世致用，义利并举"的思想，以及其传承者杨晨在路桥的实践，对路桥商贸文化产生过非常深远的影响，而路桥的务实民风和重商环境对叶适学说的建构与成熟起到了积极影响。早在南宋嘉定年间，洪洋士绅赵处温在弟弟处良（赵亥）支持下创建义庄，较早以宗族之名参与基层治理，丰富了路桥义利并举的传统，为中国农村"乡绅之治"开启了新的篇章。到了晚清民国，长街商人好义之风更加兴盛。据《路桥志略》载，晚清之时，光在十里长街之上，就有十几家慈善机构，造桥铺路者，更是数不胜数。杨晨也曾出资两千金修缮十里长街路基。1933年，由各商户住户出资，又将南栅、三桥、邮亭三保街路重修，河西全街则由杨晨之孙杨绍翰独力捐修。

爱国利民是商人最大的义，在处于中国积贫积弱时期的晚清民国商人中，不乏通过发展工商实业，为救亡图存、富国利民尽自己的一份力量的"义商"，近代路桥商人群体中也拥有许多这样的典型。

比如杨晨就是爱国实业家的代表人物。杨晨辞官回家，针对当时海门航运被洋人垄断的情况，创办"越东轮船公司"，打破洋人垄断。企业家郏道生走实业救国之路，创办普明织物厂，对发展民族工业、繁荣地方经济做出了一定的贡献。郏道生兄弟捐助路桥中学学田外，还经常做些济贫赈灾之事。1949年1月，郏道生曾化名郏新民，向地下党中共椒南工委做过经济捐献。

后王村人王逸之开办的信永染厂，是海门规模最大的染厂，其后又在上海开设了"新丰染厂"。抗战时。王逸之虽身处敌占区，却深怀着一颗爱国之心，为苏北新四军秘密提供化工物资，为抗日贡献自己的力量。

一利酿造厂创始人刘治雄发起创设路桥私立中学（路桥中学前身），资助办学经费，还帮助中共地下党员郏国森恢复了停办多年的路桥明德小学，一利厂一度成了地下党的中心站。其所开设的"路桥书店"成为地下党和进步学生经常活动的场所，并为社会读者和进步人士提供了许多进步书籍。

抗战时期，居民生活非常清苦，很多孩子找不到工作，想做小生意又没有本金，只能赋闲在家。大亨里有个老板叫俞伯舜，看到这种情况，他想到了一个既能帮助这些穷困失业的孩子赚点钱，又能培养他们本领的好办法。他设计了统一的糖盘和服装（印有"小卖部"字样和号码），请糕饼老师统一制作了花生糖、芝麻糖、广东饼等零食；又购进整箱的"老刀牌""红炮台""哈德门""骆驼牌"等香烟，让小孩们去车站、小火轮码头、戏院、茶店等地零售。本金由他出，利润归孩子，当日结账。俞老板这一举措，很受家长们欢迎。"授人以鱼，不如授之以渔。"俞伯舜虽非富商巨贾，但就是这小小的义举，完美体现了路桥商人义利并举的精神。大亨里小卖部，虽微不足道，也值得被后人记住。

附录：路桥当代商贸史的几个"第一"

1. 1982 年，路桥街道永跃村利用废河塘、弃耕地建成了台州，也是浙江全省第一个小商品批发市场。

2. 1986 年 10 月 23 日，中共黄岩县委、黄岩县人民政府出台了《关于合股企业的若干政策意见》，掀起了一场关于企业组织形式和经济形式创新改革的浪潮。这是全国第一个由地方党委、政府正式颁布的推行股份合作制的"红头文件"。

3. 1988 年 3 月，黄岩县轮窑厂（位于金清）公开拍卖给个人，组建股份合作企业，这是全国最早以拍卖形式转让给个人的乡镇集体企业。

4. 1988 年 6 月 6 日，由中国银行业监督管理委员会（现中国银行保险监督管理委员会）批准，陈小军等人合伙创办路桥银座金融服务社，成为改革开放以来国内第一批民营金融机构。

5. 1997 年，吉利集团进入汽车行业。1998 年，中国吉利集团首批家用汽车投产。2006 年 4 月 7 日，吉利集团举行金刚汽车投产仪式，李书福成为中国民营企业造车第一人。2010 年，吉利收购沃尔沃，成为我国第一家汽车跨国公司。

6. 1998 年 1 月 20 日，路桥小稠枇杷股份合作社要桐屿镇举行成立大会，成为省内第一家登记的农民专业合作社。2009 年，全区农民专业合作社已有 43 家，其中农业农村部示范性项目实施合作社 1 家、省级示范性项目实施合作社 1 家。共注册商标 22 个，获得中国绿色食品认证 6 家。

7. 1999 年 7 月 28 日，路桥首家外贸进出口公司——浙江珠光集团进出口公司挂牌成立。

8. 1999 年 12 月 21—23 日，首届中国特色经济村年会在路桥召开。

9. 2002 年 12 月 25 日，腾达建设集团 A 股在上海证券交易所开盘交易，为台州市第一家上市的民营企业。

10. 2003 年 6 月 28 日，方林村创办的浙江方林汽车城开业，成为全国汽贸第一村。

11. 2005 年，台州市首家农村合作银行——路桥农村合作银行挂牌开业。

12. 从 20 世纪 80 年代至 2013 年前，路桥（峰江街道）是全国最大的废旧金属再生产基地（齐合天地）。

13. 路桥区是中国中小型电机最大的生产基地和集散地，有各类电机生产企业 100 多家、配套企业 200 多家。

14. 浙江安露清洗机有限公司，是目前国内规模最大、最专业的高压清洗机制造商和出口商。

15. 路桥电商产业园是台州首个批发市场网商中心。

结　语

在路桥这片土地上，持续千年的商贸文化承载着深厚的历史底蕴。"历经千辛万苦，说尽千言万语，走遍千山万水，想尽千方百计"的浙商品格，同样也是路桥人的精神写照。他们敢闯善为，将南宋永嘉学派的通商惠工理念融入实际行动，用"义利并举"的思想滋养着这片土地上的商业繁荣。从古代桐屿窑群到十里长街的繁盛，再到现代民营企业的振兴，路桥商贸文化一直在不断演进，凝聚着富有地方特色的商业智慧和商业精神，它是中国商贸发展长河中孕育出的一颗璀璨明珠。我们梳理和研究路桥商贸文化，是认真贯彻落实党中央提出的坚定"四个自信"和"两富浙江"建设的具体举措。

未来，路桥将以更开放、创新、可持续的方式，进一步融入国际化的商贸网络，拓展更广阔的市场，重振"商都路桥"。路桥商业精神将在未来得到更广泛的传承和发展，成为引领地方经济繁荣的动力源，继续书写商业繁荣的传奇，为这片土地带来更加辉煌的明天。

感谢相关领导对本书的指导和关心，感谢浙江省博物馆蔡小辉研究馆员、台州职业技术学院周仲强教授等专家对本书编撰的大力支持。

主要参考资料

（清）杨晨：《路桥志略》。

金陈宋主编：《海门港史》，人民交通出版社，1995年版。

政协黄岩县委员会：《黄岩文史资料》选辑。

罗河笙主编：《路桥十里长街》，西泠印社出版社，2011年版。

潘方地主编：《路桥文化遗产概览》，中国文史出版社，2017年版。

路桥区地方志编纂委员会编：《路桥区志》，浙江人民出版社，2019年版。

管彦达：《路桥百姓源流》，中国书籍出版社，2024年版。

李昇、管彦达：《浙江文史记忆·路桥卷》，浙江人民出版社，2023年版。

路桥区博物馆编：《路桥博物馆展陈大纲》。